초판 1쇄 인쇄 2025년 1월 20일
초판 1쇄 발행 2025년 1월 25일

발행인 심정섭
편집인 안예남
편집팀장 이주희
편집 서보경
제작 정승헌
브랜드마케팅 김지선, 하서빈
출판마케팅 홍성현, 김호현
디자인 design S

인쇄처 에스엠그린
발행처 ㈜서울문화사
등록일 1988년 2월 16일
등록번호 제2-484
주소 서울시 용산구 새창로 221-19
전화 02-799-9184(편집) | 02-791-0752(출판마케팅)

ISBN 979-11-6923-369-9
ISBN 979-11-6923-358-3 (세트)

ⓒ SAMG. All rights reserved.

※ 본 제품은 (주)에스에이엠지엔터테인먼트와 상품화 계약에 의거 제작, 생산, 판매되므로 무단 복제시에는 법의 처벌을 받습니다.
※ 잘못된 제품은 구입처에서 교환해 드립니다.

캐릭터 소개

안나

해안가 마을에 사는 11세 소녀.
하늘에서 떨어진 아이냥을 구해 주며
아이냥의 파트너로 선택되어요.
이후에 소원을 들어주는 힘을 지닌
위시캣 견습을 돕게 되지요.

주인공 위시캣
아이냥

★ 소품 : 꼬리찌
★ 주요 대사 : "빙~글, 빙글빙글!
　　　　　　오늘의 위시캣 나와랏!"
★ 마법 구호 : 야옹야옹 아이냥!
★ 마법 : 위시캣을 소환하는 마법

●아이돌 위시캣●
코코냥

★ 소품 : 보석 마이크
★ 주요 대사 : "자, 모두 즐길 준비 됐나요?"
★ 마법 구호 : 야옹야옹 코코냥!
★ 마법 : 스타로 만들어 주는 마법

●박사 위시캣●
똑똑냥

★ 소품 : 백팩, 안경
★ 주요 대사 : "100퍼센트 틀림없습니다!"
★ 마법 구호 : 야옹야옹 똑똑냥!
★ 마법 : 머리를 좋아지게 하는 마법

●스페셜 위시캣●
이쁘냥

★ 소품 : 손거울
★ 주요 대사 : "샤랄랄라! 큐트하게 예뻐져어라~."
★ 마법 구호 : 야옹야옹 이쁘냥!
★ 마법 : 예뻐지게 하는 마법

●스페셜 여왕 위시캣●
도도냥

★ 소품 : 티아라, 망토, 마술봉
★ 주요 대사 : "프린세스가 되어라~."
★ 마법 구호 : 야옹야옹 도도냥!
★ 마법 : 프린세스로 만들어 주는 마법

●스페셜 위시캣●
러브냥

★ 소품 : 고급 방석, 하트봉
★ 주요 대사 : "너의 하트를 겨냥해 러브러브 야옹~."
★ 마법 구호 : 야옹야옹 러브냥!
★ 마법 : 상대를 좋아하게 만드는 마법

- ★ 소품 : 라켓, 공
- ★ 주요 대사 : "꼭 이길거양, 냥! 빠샤!"
- ★ 마법 구호 : 야옹야옹 헬씨냥!
- ★ 마법 : 운동을 잘하게 하는 마법

 스포츠 만능 위시캣
헬씨냥

 인플루냥서 위시캣
빠삐냥

- ★ 소품 : 카메라, 카메라봉
- ★ 주요 대사 : "어떻쥐이~?! 잘 찍혔쥐이~!"
- ★ 마법 구호 : 야옹야옹 빠삐냥!
- ★ 마법 : 사진 잘 찍게 하는 마법

- ★ 소품 : 우쿨렐레
- ★ 주요 대사 : "알~로~하~냐~앙~ 느긋하게 재촉하지 말꼬오오오~."
- ★ 마법 구호 : 야옹야옹 알로하냥!
- ★ 마법 : 긴장하지 않고 낙천적인 마음을 갖게 하는 마법

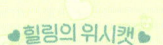 힐링의 위시캣
알로하냥

 파티쉐 위시캣
달달냥

- ★ 소품 : 딸기 컵케이크
- ★ 주요 대사 : "달달한 맛을 내기란, 쉬운 게 아냐~ 달달함을 어설프게 보지마옹~."
- ★ 마법 구호 : 야옹야옹 달달냥!
- ★ 마법 : 디저트를 만드는 마법

- ★ 소품 : 라떼아트 틀
- ★ 주요 대사 : "어서와, 멋진 카페 타임으로 초대할게~."
- ★ 마법 구호 : 야옹야옹 라떼냥!
- ★ 마법 : 라떼아트를 아름답게 데커레이션 하는 마법

 라떼아트 위시캣
라떼냥

● 귀족 위시캣
우아냥

- ★ 소품 : 쌍안경, 오픈카
- ★ 주요 대사 : "우훗, 고양이 귀족의 품격을 보여 드리지요."
- ★ 마법 구호 : 야옹야옹 우아냥!
- ★ 마법 : 셀럽으로 만들어 주는 마법

- ★ 소품 : 헤어브러쉬
- ★ 주요 대사 : "헤어스타일이라면 맡겨 줘! 헤어-엇!"
- ★ 마법 구호 : 야옹야옹 샴푸냥!
- ★ 마법 : 헤어스타일을 바꿔 주는 마법

● 미용의 위시캣
샴푸냥

● 비행 능력의 위시캣
난다냥

- ★ 소품 : 타케콥터 달린 헬멧
- ★ 주요 대사 : "3, 2, 냐옹! 테이크오프!"
- ★ 마법 구호 : 야옹야옹 난다냥!
- ★ 마법 : 하늘을 날게 하는 마법

- ★ 소품 : 트렁크
- ★ 주요 대사 : "두근두근 여행으로 안내~ 내옹(냐옹)~."
- ★ 마법 구호 : 야옹야옹 나비냥!
- ★ 마법 : 여행을 하게 해 주는 마법

● 여행가 위시캣
나비냥

● 패셔니스타 위시캣
꾸미냥

- ★ 소품 : 토르소, 줄자
- ★ 주요 대사 : "보였어요, 당신에게 딱 맞는 패션!"
- ★ 마법 구호 : 야옹야옹 꾸미냥!
- ★ 마법 : 기발한 복장을 만들어 주는 마법

🌸 날씨의 위시캣 🌸
쨍쨍냥

- 🌸 소품 : 구름
- 🌸 주요 대사 : "날씨는 매일 바껴~ 야옹~."
- 🌸 마법 구호 : 야옹야옹 쨍쨍냥!
- 🌸 마법 : 원하는 날씨로 바꿔 주는 마법

- 🌸 소품 : 캔버스, 붓
- 🌸 주요 대사 : "신나게 그림 그려방~ 야옹~."
- 🌸 마법 구호 : 야옹야옹 아트냥!
- 🌸 마법 : 그림을 잘 그리게 해 주는 마법

🌸 화가 위시캣 🌸
아트냥

🌸 의사 위시캣 🌸
닥터냥

- 🌸 소품 : 청진기 목걸이, 의료가방
- 🌸 주요 대사 : "아야아야한 거 다~ 사라져라 야옹~."
- 🌸 마법 구호 : 야옹야옹 닥터냥!
- 🌸 마법 : 치료해 주는 마법

- 🌸 소품 : 유모차, 젖병
- 🌸 주요 대사 : "바브바브~ 야옹~."
- 🌸 마법 구호 : 야옹야옹 베베냥!
- 🌸 마법 : 잠시 동안 힘든 일을 잊게 만드는 마법

🌸 아기 위시캣 🌸
베베냥

이 책의 구성

★ 본문 구성 ★

1. 8개의 다양한 주제가 있어요.
2. 어려운 낱말을 알아봐요.
3. 비슷한 속담, 반대 속담을 알아봐요.
4. 속담과 관련한 다양한 상식을 키워 줘요.
5. 속담의 뜻과 언제 사용하는지 알아봐요.

★ 부록 구성 ★

속담 더하기
주제에 맞는 속담을 더 알아봐요.

야옹야옹 놀이터
그림 찾기, 숫자 세기 등 재미있는 두뇌 계발 놀이가 있어요.

자연 1

가랑비에 옷 젖는 줄 모른다

작은 일이라도 계속되면 큰 영향을 미칠 수 있다는 뜻이에요.

언제 사용할까요?

사소한 잘못이나 무관심이 쌓여 큰 문제로 이어지거나 적은 노력에도 좋은 결과를 얻을 때 사용하는 표현이에요.

냥사전

♥ 어려운 단어를 배워 보자냥! ♥

가랑비
가늘게 내리는 비로 이슬비보다는 좀 굵다.

냥백과

♥ 비슷한 속담을 배워 보자냥! ♥

낙숫물이 댓돌을 뚫는다
노력을 계속하면 큰 결과를 얻는다는 뜻이에요.

냥탐구

♥ 재미있는 상식을 배워 보자냥! ♥

비는 바다나 강의 물이 주변의 열에 의해 수증기가 되고, 이 수증기가 구름을 만든 뒤 그 속의 물방울이 무거워져 땅으로 떨어지는 현상이에요.

자연 2

고목에도 꽃을 피운다

말라서 오래된 나무에도 꽃이 필 수 있다는 뜻이에요.

아무리 어려운 상황이나 희망이 없어 보이는 일이라도 노력해서 좋은 결과를 얻었을 때 사용하는 표현이에요.

냥사전

♥ 어려운 단어를 배워 보자냥! ♥

고목
말라서 죽어 버린 나무.

냥백과

♥ 비슷한 속담을 배워 보자냥! ♥

죽은 덤불에 산 열매 난다
뜻밖의 곳에서 이익이 생긴다는 뜻이에요.

냥탐구

♥ 재미있는 상식을 배워 보자냥! ♥

나무나 식물이 자라면서 꽃봉오리를 만들고, 그 안에서 꽃잎이 준비돼요. 날씨가 따뜻해지면 꽃봉오리가 열리면서 꽃잎이 밖으로 펴져 아름다운 꽃이 피는 거예요.

자연 3

고인 물이 썩는다

흐르지 못하고 한곳에 고여 있는 물은 썩는다는 뜻이에요.

언제 사용할까요? 새로운 변화나 개선 없이 점차 나빠질 때 사용하는 표현이에요.

냥사전

♥ 어려운 단어를 배워 보자냥! ♥

고이다
물 따위의 액체나 가스, 냄새 따위가 우묵한 곳에 모이다.

냥백과

♥ 반대 속담을 배워 보자냥! ♥

구르는 돌은 이끼가 안 낀다
부지런히 움직이는 사람이 좋은 결과를 얻는다는 뜻이에요.

냥탐구

♥ 재미있는 상식을 배워 보자냥! ♥

흐르지 않는 물은 산소 공급이 부족해 미생물이 빠르게 번식하면서 썩기 쉽지만, 흐르는 물은 지속적으로 산소가 공급되어 생물들이 살아가는 데 필요한 환경이 유지돼요.

달걀로 바위 치기

현실적으로 이길 수 없는 상대나 상황에 도전한다는 뜻이에요.

매우 어려운 상대나 상황에 도전하거나, 승산 없는 일을 시도할 때 사용하는 표현이에요.

냥사전

♥ 어려운 단어를 배워 보자냥! ♥

달걀
닭이 낳은 알. 알껍데기, 노른자, 흰자 따위로 이루어져 있다.

바위
부피가 매우 큰 돌.

♥ 비슷한 속담을 배워 보자냥! ♥ **냥백과**

바위에 머리 받기
불가능한 일에 도전한다는 뜻이에요.

♥ 재미있는 상식을 배워 보자냥! ♥

달걀은 껍데기에 작은 구멍이 1만 개나 있어서 습도와 온도를 조절해 달걀이 썩지 않도록 해요. 또한 눕혀 보관해야 노른자가 한쪽으로 치우치지 않고 오래 신선해요.

자연 5

달도 차면 기운다

어떤 일이
잘 될 때가 있으면
안 될 때도 있다는
뜻이에요.

언제 사용할까요?

지나치게 욕심을 부리거나 자만할 때, 현재 상황이 영원하지 않음을 이야기할 때 사용하는 표현이에요.

냥사전

♥ 어려운 단어를 배워 보자냥! ♥

차다
한도*에 이르는 상태가 되다.

*한도 : 어떤 일이나 상태에서 허용되거나 가능한 최대치나 범위.

냥백과

♥ 비슷한 속담을 배워 보자냥! ♥

그릇도 차면 넘친다
지나치면 문제가 생긴다는 뜻이에요.

냥탐구

♥ 재미있는 상식을 배워 보자냥! ♥

달은 지구를 돌며 모양이 매일 바뀌어요. 가득 찬 보름달도 시간이 지나면 점점 줄어들어 초승달이 돼요. 이처럼 달의 변화는 자연의 순환을 보여 줘요.

자연 6

될성부른 나무는 떡잎부터 알아본다

크게 성공할 사람이나 뛰어난 재능은 처음부터 드러난다는 뜻이에요.

시작부터 가능성이 돋보이는 일이나 사람을 칭찬하고 격려할 때 사용하는 표현이에요.

냥 사전

♥ **어려운 단어를 배워 보자냥!** ♥

떡잎
씨앗에서 싹이 트면서 최초로 나오는 잎.

냥 백과

♥ **비슷한 속담을 배워 보자냥!** ♥

용 될 고기는 모이 철부터 안다
성공할 사람은 어려서부터 다르다는 뜻이에요.

 **냥 탐구**

♥ **재미있는 상식을 배워 보자냥!** ♥

떡잎은 씨앗이 발아할 때 가장 먼저 자라며, 나무가 건강하게 자랄 기초를 보여 줘요. 떡잎이 튼튼하면 그 식물이 잘 자랄 가능성이 크지요.

자연 7

바람 앞의 등불

바람 앞에서 꺼질 듯한 등불처럼 어떤 상황이 매우 위태롭고 불안정하다는 뜻이에요.

언제 사용할까요? 큰 위기나 위험이 닥쳤을 때 사용하는 표현이에요.

냥사전

♥ 어려운 단어를 배워 보자냥! ♥

등불
등에 켠 불.

냥백과

♥ 비슷한 속담을 배워 보자냥! ♥

바람받이에 선 촛불
매우 위태로운 상황이라는 뜻이에요.

냥탐구

♥ 재미있는 상식을 배워 보자냥! ♥

불이 타려면 연료, 산소, 그리고 열이 필요해요. 그런데 바람이 불면 공기가 움직이면서 열이 식고, 산소 공급이 불규칙해져 불이 꺼져요.

표현 8

번갯불에 콩 볶아 먹는다

번개처럼 매우 빠르고 짧은 시간 안에 일이 진행되거나 처리된다는 뜻이에요.

어떤 일을 너무 서둘러 끝내거나, 예상치 못한 상황에서 빠르게 일이 처리될 때 사용하는 표현이에요.

냥사전

♥ 어려운 단어를 배워 보자냥! ♥

번갯불
번개가 칠 때 번쩍이는 빛.

냥백과

♥ 비슷한 속담을 배워 보자냥! ♥

번갯불에 회 쳐 먹겠다
매우 급한 상황이라는 뜻이에요.

냥탐구

♥ 재미있는 상식을 배워 보자냥! ♥

번개는 구름 속에서 물방울과 얼음 조각이 서로 충돌하면서 발생하는 정전기로 인해 생기며 이 과정에서 뜨거운 공기가 부풀면서 천둥소리가 나요.

자연 9

여름비는 잠비
가을비는 떡비

여름에 비가 오면 낮잠을 자게 되고, 가을에 비가 오면 떡을 해 먹게 된다는 뜻이에요.

언제 사용할까요?

계절에 따라 비의 특징과 영향이 다르다는 것을 말할 때 사용하는 표현이에요.

♥ 어려운 단어를 배워 보자냥! ♥

잠비
여름에 일을 쉬고 낮잠을 잘 수 있게 하는 비라는 뜻으로, 여름비를 이르는 말.

떡비
떡이나 먹을 수 있게 하는 비라는 뜻으로, 가을비를 이르는 말.

♥ 비슷한 속담을 배워 보자냥! ♥

봄비는 일비 겨울비는 술비
계절에 따라 비의 가치가 다르다는 뜻이에요.

♥ 재미있는 상식을 배워 보자냥! ♥

여름비는 강한 태양열로 증발한 많은 수증기가 구름이 되어 내리기 때문에 습도가 높아져 더 덥게 느껴져요.

자연 10

하늘이 무너져도 솟아날 구멍이 있다

아무리 큰 위기나 절망적인 상황에서도 해결책이나 희망이 존재한다는 뜻이에요.

언제 사용할까요?

실패하거나 힘든 일을 겪어 슬퍼하는 사람에게 희망과 용기를 줄 때 사용하는 표현이에요.

냥 사전

♥ 어려운 단어를 배워 보자냥! ♥

솟아나다
안에서 밖으로 나오다.

냥 백과

♥ 비슷한 속담을 배워 보자냥! ♥

쥐구멍에도 볕 들 날 있다
나쁜 일 뒤에 좋은 일이 온다는 뜻이에요.

냥 탐구

♥ 재미있는 상식을 배워 보자냥! ♥

하늘은 공기와 구름으로 유지되어 무너지지 않아요. 자연재해나 우주 사건이 발생하면 변화할 수는 있지만 무너지는 것과는 다른 현상이에요.

속담 더하기

자연과 관련한 속담을 더 알아봐요.

가뭄에 단비
어려울 때 받은 반가운 도움이라는 뜻이에요.

굴러온 돌이 박힌 돌 뺀다
새로 온 사람이 원래 있던 사람을 밀어낸다는 뜻이에요.

개밥에 도토리
무리에 어울리지 못하고 혼자 동떨어진 사람이라는 뜻이에요.

나무를 보고 숲은 보지 못한다
작은 부분에만 집착하여 전체를 보지 못한다는 뜻이에요.

바늘구멍으로 황소바람 들어온다
작은 문제로 인해 큰일이 발생할 수 있다는 뜻이에요.

마파람에 게 눈 감추듯
음식을 매우 빨리 먹는 모습을 비유하는 뜻이에요.

비 온 뒤에 땅이 굳어진다
어려움을 겪은 후에 더 단단하고 좋아진다는 뜻이에요.

윗물이 맑아야 아랫물이 맑다
윗사람이 모범을 보여야 아랫사람도 바르게 된다는 뜻이에요.

빛 좋은 개살구
겉은 좋아 보이지만 속은 그렇지 않다는 뜻이에요.

하늘의 별 따기
매우 어렵거나 불가능한 일이라는 뜻이에요.

야옹야옹 놀이터

부분을 보고 알맞은 위시캣을 찾아 선으로 이어 보세요.

간에 붙었다 쓸개에 붙었다 한다

자신의 이익에만 따라 행동한다는 뜻이에요.

사람이나 집단 사이에서 중심 없이 이리저리 편을 바꾸는 행동을 비판할 때 사용하는 표현이에요.

♥ 어려운 단어를 배워 보자냥! ♥

간
탄수화물을 저장하고, 단백질이나 당분을 처리하며, 해독 작용을 한다.

쓸개
간에서 만들어지는 쓸개즙을 일시적으로 저장하고 진하게 만드는 곳.

♥ 비슷한 속담을 배워 보자냥! ♥

달면 삼키고 쓰면 뱉는다
자기 이익만 챙긴다는 뜻이에요.

♥ 재미있는 상식을 배워 보자냥! ♥

간과 쓸개는 서로 하는 일이 달라요. 간은 몸에 해로운 물질을 없애고, 쓸개는 간에서 나온 소화액을 저장해 기름진 음식을 소화하는 데 도움을 줘요.

인체 2
검은 머리 파뿌리 될 때까지

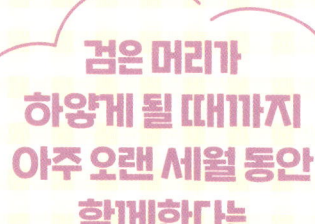

검은 머리가 하얗게 될 때까지 아주 오랜 세월 동안 함께한다는 뜻이에요.

언제 사용할까요?

오랜 약속을 강조하거나 평생 함께하겠다는 다짐을 나타낼 때 사용하는 표현이에요.

냥사전

♥ 어려운 단어를 배워 보자냥! ♥

파뿌리
백발(하얗게 센 머리털)을 비유적으로 이르는 말.

냥백과

♥ 반대 속담을 배워 보자냥! ♥

내외간도 돌아누우면 남이다
가깝던 사이도 멀어질 수 있다는 뜻이에요.

냥탐구

♥ 재미있는 상식을 배워 보자냥! ♥

멜라닌은 머리카락의 색을 만드는 물질인데, 나이가 들면 멜라닌을 만드는 세포가 줄어들거나 기능이 약해져 흰머리가 나요.

내 코가 석 자

자신의 형편이 너무 어려워 남을 도울 여유가 없다는 뜻이에요.

급한 일이나 문제가 많아 여유가 없을 때 사용하는 표현이에요.

냥 사전

♥ 어려운 단어를 배워 보자냥! ♥

자
길이를 나타내는 단위로 1자는 약 30.3cm 정도이다.

냥 백과

♥ 비슷한 속담을 배워 보자냥! ♥

발등에 불 떨어지다
일 처리를 서둘러야 하거나, 다급하다는 뜻이에요.

냥 탐구

♥ 재미있는 상식을 배워 보자냥! ♥

코는 숨을 쉬고 냄새를 맡는 중요한 기관이에요. 공기를 들이마실 때 먼지를 걸러 주고, 따뜻하게 만들어 폐로 보내요. 또 후각 세포가 있어서 냄새를 맡을 수 있어요.

눈 가리고 야옹

남들이 다 알 수 있는 일을 얕은 속임수로 숨기려 한다는 뜻이에요.

결과가 뻔히 드러날 일을 숨기려 애쓰는 행동을 비판하거나 놀릴 때 사용하는 표현이에요.

 ♥ 어려운 단어를 배워 보자냥! ♥

눈
빛의 자극을 받아 물체를 볼 수 있는 감각 기관.

아옹
얼굴을 손으로 가리고 있다가 손을 떼면서 어린아이를 어르는 소리.

♥ 비슷한 속담을 배워 보자냥! ♥

손바닥으로 하늘 가리기
진실을 감출 수 없다는 뜻이에요.

♥ 재미있는 상식을 배워 보자냥! ♥

우리가 사물을 볼 수 있는 이유는 빛이 사물에 부딪혀 반사되고, 그 빛이 눈으로 들어와 망막에 그림처럼 모습을 만들기 때문이에요.

눈에 콩깍지가 씌었다

사랑에 빠져 상대방의 단점이 보이지 않는다는 뜻이에요.

누군가를 너무 좋아해서 그 사람의 부족한 점이나 단점을 신경 쓰지 않을 때 사용하는 표현이에요.

냥사전

♥ 어려운 단어를 배워 보자냥! ♥

콩깍지
콩을 털어 내고 남은 껍질.

냥백과

♥ 비슷한 속담을 배워 보자냥! ♥

제 눈에 안경
자신의 기준에 따라 본다는 뜻이에요.

냥탐구

♥ 재미있는 상식을 배워 보자냥! ♥

사랑에 빠지면 도파민과 옥시토신 같은 호르몬이 나와 행복감과 친밀감을 높아지면서 판단력이 줄어들어 단점이 잘 안 보이게 돼요.

인체 6

뒤로 넘어져도 코가 깨진다

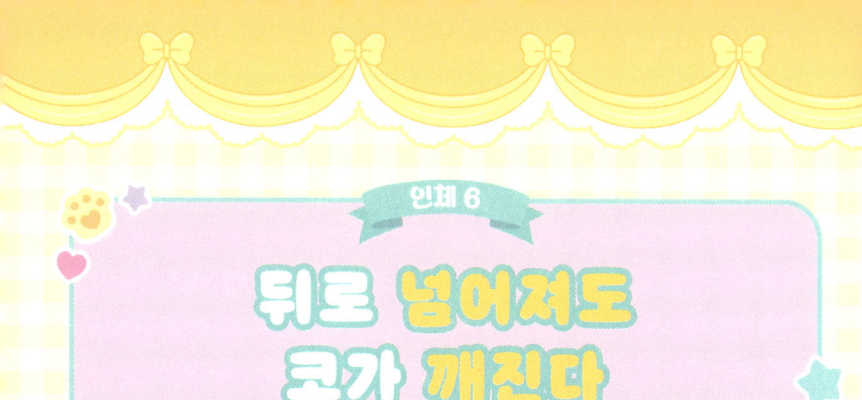

> 운이 없거나 상황이 나쁠 때는 일이 계속 꼬인다는 뜻이에요.

언제 사용할까요?

안 좋은 일이 연속으로 일어나거나, 작은 실수에도 큰 피해를 입었을 때 사용하는 표현이에요.

♥ 어려운 단어를 배워 보자냥! ♥

넘어지다
사람이나 물체가 한쪽으로 기울어지며 쓰러지다.

깨지다
얻어맞거나 부딪혀 상처가 나다.

♥ 비슷한 속담을 배워 보자냥! ♥

엎친 데 덮친 격
불행이 계속 겹친다는 뜻이에요.

♥ 재미있는 상식을 배워 보자냥! ♥

우리 몸은 계속 움직이려는 성질이 있는데 넘어지면서 멈추는 순간 운동 에너지가 땅과 부딪히며 충격이 생기는 거예요.

인체 7

세 치 혀가 사람 잡는다

말 때문에 문제가 생길 수 있다는 뜻이에요.

언제 사용할까요?

가벼운 말실수나 생각 없이 한 말이 사람에게 상처를 주거나 상황을 나쁘게 만들었을 때 사용하는 표현이에요.

냥사전

♥ 어려운 단어를 배워 보자냥! ♥

치
길이를 나타내는 단위로 1치는 약 3.03cm 정도이다.

냥백과

♥ 비슷한 속담을 배워 보자냥! ♥

혀 밑에 죽을 말 있다
말을 조심해야 한다는 뜻이에요.

냥탐구

♥ 재미있는 상식을 배워 보자냥! ♥

부정적인 말은 뇌의 스트레스 호르몬인 코르티솔을 증가시켜 건강에 나쁜 영향을 끼쳐요. 반대로 따뜻한 말은 옥시토신 같은 행복 호르몬을 분비해 기분을 좋게 만들어요.

손바닥으로 하늘 가리기

작은 손바닥으로 넓은 하늘을 가릴 수 없는 것처럼 큰 문제는 숨길 수가 없다는 뜻이에요.

분명한 사실을 감추거나 잘못을 숨기려고 하는 것을 지적하는 데 사용하는 표현이에요.

 ♥ 어려운 단어를 배워 보자냥! ♥

손바닥
손의 안쪽. 곧 손금이 새겨진 쪽.

하늘
지평선이나 수평선 위로 보이는 무한대의 넓은 공간.

♥ 비슷한 속담을 배워 보자냥! ♥

머리를 감추고 꼬리를 숨긴다
사실을 드러내지 않고 감춘다는 뜻이에요.

♥ 재미있는 상식을 배워 보자냥! ♥

작은 물체로 큰 것을 가릴 수 없는 이유는 눈의 넓은 시야와 빛이 곧게 나아가는 성질 때문이에요. 눈은 넓은 범위를 보기 때문에 작은 물체로는 시야를 완전히 막을 수 없어요.

인체 9

입술이 없으면 이가 시리다

하나가 없어지면 다른 하나도 어려움을 겪게 된다는 뜻이에요.

언제 사용할까요?

서로 돕고 의지해야 하는 사이에서 한쪽이 잘못되어 다른 한쪽도 힘들어질 때 사용하는 표현이에요.

 **냥 사전**

♥ 어려운 단어를 배워 보자냥! ♥

입술
포유류의 입 가장자리 위아래에 붙어 있는 얇고 부드러운 살.

시리다
몸의 한 부분이 찬 기운으로 인해 추위를 느낄 정도로 차다.

♥ 비슷한 속담을 배워 보자냥! ♥

냥 백과

한 배를 탄 사람은 함께 죽고 함께 산다
운명을 같이한다는 뜻이에요.

냥 탐구

♥ 재미있는 상식을 배워 보자냥! ♥

입술은 공기, 온도, 충격으로부터 이를 보호하는 역할을 해요. 입술이 없다면 이가 외부 자극에 더 약해져 충치가 생기거나 잇몸이 아플 수 있어요.

한 귀로 듣고 한 귀로 흘린다

중요한 말을 귀담아듣지 않고 흘려버린다는 뜻이에요.

충고나 조언을 제대로 듣지 않고 행동을 반복하거나 이야기에 집중하지 않을 때 사용하는 표현이에요.

♥ 어려운 단어를 배워 보자냥! ♥

귀
사람이나 동물의 머리 양옆에서 듣는 기능을 하는 감각 기관.

흘리다
다른 사람의 말을 주의 깊게 듣지 아니하고 지나치다.

♥ 비슷한 속담을 배워 보자냥! ♥

쇠귀에 경 읽기
아무리 말해도 소용없다는 뜻이에요.

♥ 재미있는 상식을 배워 보자냥! ♥

실제로 소리를 한 귀로 듣고 한 귀로 내보내는 건 인체 구조상 불가능해요. 귀는 소리를 받아들이는 기관이지만, 소리를 내보내는 기능은 없기 때문이에요.

속담 더하기
인체와 관련한 속담을 더 알아봐요.

눈 감으면 코 베어 먹을 세상
매우 위험하고 믿기 어려운 세상이라는 뜻이에요.

쓸개 빠진 놈
줏대 없고 배짱이 없는 사람이라는 뜻이에요.

눈이 보배다
보는 것이 중요하고 소중하다는 뜻이에요.

앓던 이 빠진 것 같다
걱정거리나 고통이 사라져 후련하다는 뜻이에요.

엎어지면 코 닿을 데
아주 가까운 거리를 비유한 뜻이에요.

언 발에 오줌 누기
임시방편으로 문제를 해결하는 상황이라는 뜻이에요.

이 없으면 잇몸으로 산다
어려운 상황에서도 적응하며 산다는 뜻이에요.

주먹이 운다
억울하거나 화가 나 참기 힘들다는 뜻이에요.

입이 열 개라도 할 말이 없다
변명할 여지없이 잘못했다는 뜻이에요.

혀 아래 도끼 들었다
말조심하지 않으면 큰 화를 당할 수 있다는 뜻이에요.

야옹야옹 놀이터

글자 색과 순서를 조합해 빈칸에 위시캣의 이름을 써 보세요.

힌트
- 같은 색의 글자를 확인해요.
- 글자 크기가 큰 순서부터 써요.

속담 1

달걀에도 뼈가 있다

잘 풀릴 것 같은
쉬운 일도 예상치 못한
문제가 생길 수 있다는
뜻이에요.

아무리 쉬워 보이는 일이라도 실패하거나 뜻하지 않은 어려움을 겪을 때 사용하는 표현이에요.

♥ 어려운 단어를 배워 보자냥! ♥

뼈
척추동물의 살 속에서 그 몸을 지탱하는 단단한 물질.

♥ 비슷한 속담을 배워 보자냥! ♥

도둑을 맞으려면 개도 안 짖는다
불운이 겹친 상황이라는 뜻이에요.

♥ 재미있는 상식을 배워 보자냥! ♥

달걀은 알껍데기, 흰자, 노른자로 이루어진 동물의 알로, 뼈를 단단하게 만드는 성분은 포함되어 있지 않아요.

속뜻 2
고기는 씹어야 맛이요, 말은 해야 맛이다

고기를 꼭꼭 씹어야 맛이 나는 것처럼, 말도 속에 담아두지 않고 해야 의미가 있다는 뜻이에요.

의사소통이 중요하다는 것을 강조하거나, 자신의 의견이나 생각을 분명히 전달해야 할 때 사용하는 표현이에요.

♥ 어려운 단어를 배워 보자냥! ♥

고기
식용하는 온갖 동물의 살.

말
사람의 생각이나 느낌 따위를 표현하고 전달하는 데 쓰는 소리나 글.

♥ 반대 속담을 배워 보자냥! ♥

침묵은 금이다
말을 조심해야 할 때가 있다는 뜻이에요.

♥ 재미있는 상식을 배워 보자냥! ♥

고기를 오래 씹을수록 침 속 아밀라아제가 고기에 포함된 글리코겐을 분해해 단맛이 나요. 또한 오래 씹으면 육즙과 풍미가 더 잘 느껴져 맛이 풍부해져요.

음식 3

뜨거운 국에 맛 모른다

국이 너무 뜨거우면 제대로 맛을 느낄 수 없듯, 서두르면 중요한 것을 놓칠 수 있다는 뜻이에요.

무언가를 너무 성급하게 진행하거나, 천천히 살펴야 할 일을 제대로 보지 못할 때 사용하는 표현이에요.

 ♥ 어려운 단어를 배워 보자냥! ♥

국
고기, 생선, 채소 따위에 물을 많이 붓고 간을 맞추어 끓인 음식.

맛
음식 따위를 혀에 댈 때에 느끼는 감각.

♥ 비슷한 속담을 배워 보자냥! ♥

급히 먹는 밥이 체한다
서두르면 일을 망친다는 뜻이에요.

 ♥ 재미있는 상식을 배워 보자냥! ♥

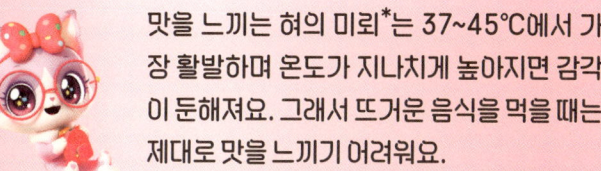

맛을 느끼는 혀의 미뢰*는 37~45℃에서 가장 활발하며 온도가 지나치게 높아지면 감각이 둔해져요. 그래서 뜨거운 음식을 먹을 때는 제대로 맛을 느끼기 어려워요.

*미뢰 : 혀에 있는 아주 작은 감각 기관으로 음식을 먹을 때 맛을 느끼게 해주는 역할.

음식 4

누워서 떡 먹기

편하게 누워서 음식을 먹을 정도로 일이 아주 쉽다는 뜻이에요.

언제 사용할까요?

어려움 없이 간단히 처리할 수 있는 일을 비유할 때 사용하는 표현이에요.

냥사전 ♥ 어려운 단어를 배워 보자냥! ♥

떡
곡식 가루를 찌거나, 그 찐 것을 치거나 빚어서 만든 음식을 통틀어 이르는 말.

♥ 비슷한 속담을 배워 보자냥! ♥ **냥백과**

식은 죽 먹기
매우 쉬운 일이라는 뜻이에요.

냥탐구 ♥ 재미있는 상식을 배워 보자냥! ♥

실제로 누워서 음식을 먹는 것은 쉽지 않아요. 중력이 제대로 작용하지 않아 소화가 어렵고, 음식이 기도로 들어갈 수도 있어서 피하는 것이 좋아요.

다 된 밥에 재 뿌리기

잘 되어 가는 일을 망치거나 방해한다는 뜻이에요.

순조롭게 진행되던 일이 예상치 못한 방해로 실패했을 때 사용하는 표현이에요.

♥ 어려운 단어를 배워 보자냥! ♥

재
불에 타고 남는 가루 모양의 물질.

♥ 반대 속담을 배워 보자냥! ♥

공든 탑이 무너지랴
노력이 헛되지 않는다는 뜻이에요.

♥ 재미있는 상식을 배워 보자냥! ♥

재는 물질이 불에 타는 과정에서 타지 않는 미네랄 성분이 남아 생기는 거예요. 가벼워서 쉽게 흩어지고, 흙에 섞이면 땅을 비옥하게 만들기도 해요.

음식 6

생쥐 소금 먹듯

일을 조금씩 천천히 진행하거나, 음식을 조금씩 나눠서 먹는다는 뜻이에요.

언제 사용할까요?

음식을 찔끔 맛보다가 그만둘 때나 일이 눈에 띄지 않게 처리될 때 사용하는 표현이에요.

♥ 어려운 단어를 배워 보자냥! ♥

생쥐
작은 설치류 동물로, 조심스럽고 민첩하게 행동한다.

소금
짠맛이 나는 백색의 결정체. 대표적인 조미료로, 주성분은 염화나트륨이다.

♥ 비슷한 속담을 배워 보자냥! ♥

물에 물 탄 듯 술에 술 탄 듯
분명하지 않고 흐리멍덩하다는 뜻이에요.

♥ 재미있는 상식을 배워 보자냥! ♥

생쥐는 하루에 몸무게의 약 10~20%를 먹지만, 한 번에 많이 먹지 않고 적은 양을 여러 번 나눠 먹어요. 이는 에너지를 일정하게 유지하기 위한 행동이에요.

음식 7

수박 겉 핥기

어떤 일을
깊이 이해하지 않고
겉만 대충 보고
넘어간다는 뜻이에요.

언제 사용할까요? 어떤 주제나 문제를 자세히 파악하지 않고 슬쩍 보아 넘길 때 사용하는 표현이에요.

♥ 어려운 단어를 배워 보자냥! ♥

겉핥기
속 내용은 제대로 파악하지도 못하고 겉만 슬쩍 보아 넘기는 일.

*표준국어대사전에서는 '겉핥기'로 표기하고 있습니다.

♥ 비슷한 속담을 배워 보자냥! ♥

꿀단지 겉 핥기
겉만 보고 진짜를 알지 못한다는 뜻이에요.

♥ 재미있는 상식을 배워 보자냥! ♥

수박 껍질에는 당분이 적어 속만큼 달지는 않지만, 약간의 단맛과 아삭한 식감을 느낄 수 있어서 요리에도 사용해요.

음식 8
울며 겨자 먹기

하기 싫은 일을 어쩔 수 없이 억지로 해야 한다는 뜻이에요.

마음에 내키지 않은 일을 할 때 사용하는 표현이에요.

냥사전

♥ 어려운 단어를 배워 보자냥! ♥

겨자
십자화과의 한해살이풀로 씨는 누런 갈색이고 양념과 약재료로 쓴다.

냥백과

♥ 비슷한 속담을 배워 보자냥! ♥

눈물 흘리며 겨자 먹기
하기 싫은 일을 억지로 한다는 뜻이에요.

냥탐구

♥ 재미있는 상식을 배워 보자냥! ♥

겨자 식물을 유전적으로 개량하거나 다른 식물과 교배해서 브로콜리와 양상추처럼 맛, 모양, 크기가 다른 채소를 만들었어요.

음식 9

작은 고추가 더 맵다

작고 보잘것없어 보이는 사람이 강한 면모를 보인다는 뜻이에요.

언제 사용할까요?

몸집은 작아도 실력이 뛰어나거나, 마음이 강한 사람을 칭찬할 때 사용하는 표현이에요.

냥사전 ♥ 어려운 단어를 배워 보자냥! ♥

고추
매운맛을 내는 채소로 처음에는 초록색이나 익을수록 빨갛게 된다. 그대로 먹거나 익혀서 양념이나 반찬으로 쓴다.

♥ 비슷한 속담을 배워 보자냥! ♥ **냥백과**

작아도 후추알
작아도 야무지다는 뜻이에요.

냥탐구 ♥ 재미있는 상식을 배워 보자냥! ♥

고추가 매운 이유는 캡사이신이라는 성분 때문이에요. 캡사이신은 고추를 먹으려는 벌레나 동물을 막기 위해 생긴 성분이라 고추를 먹으면 혀가 얼얼하고 맵게 느껴져요.

음식 10

한 술 밥에 배부르랴

큰 성과를
내기 위해서는 꾸준한
노력이 필요하다는
뜻이에요.

언제
사용할까요?

적은 노력만으로는 큰 결과를 기대하기 어렵다거나 시간이
필요하다는 것을 알려 줄 때 사용하는 표현이에요.

냥사전

♥ 어려운 단어를 배워 보자냥! ♥

술
밥 따위의 음식물을 숟가락으로 떠 그 분량을 세는 단위.

냥백과

♥ 비슷한 속담을 배워 보자냥! ♥

천 리 길도 한 걸음부터
모든 일은 시작이 중요하다는 뜻이에요.

냥탐구

♥ 재미있는 상식을 배워 보자냥! ♥

사람이 음식을 먹으면 위가 커지고 혈당이 올라가 뇌가 배부름을 느끼게 해요. 이런 과정은 약 20분 정도가 걸린다고 해요.

속담 더하기

음식과 관련한 속담을 더 알아봐요.

감나무 밑에서 감 떨어지기 기다린다
노력하지 않고 쉽게 얻으려고 기다린다는 뜻이에요.

숭늉에 물 탄 격
본래의 맛이나 가치가 없어진다는 뜻이에요.

고기도 먹어 본 사람이 많이 먹는다
경험 있는 사람이 더 잘할 수 있다는 뜻이에요.

두부 먹다 이 빠진다
아무리 쉬운 일도 실수할 수 있다는 뜻이에요.

떡 줄 사람은 꿈도 안 꾸는데 김칫국부터 마신다
기대와 상상이 지나치다는 뜻이에요.

떡 본 김에 제사 지낸다
기회를 놓치지 않고 일을 처리한다는 뜻이에요.

못 먹는 버섯은 삼월 달부터 난다
필요 없는 것이 더 일찍 나타난다는 뜻이에요.

꿀도 약이라면 쓰다
좋은 것도 상황에 따라 싫을 수 있다는 뜻이에요.

보기 좋은 떡이 먹기도 좋다
겉모습이 좋아야 가치가 더해진다는 뜻이에요.

죽도 밥도 안 된다
결과가 어중간하고 아무 쓸모없다는 뜻이에요.

야옹야옹 놀이터

미로에 갇힌 나비냥이 여행 가방을 찾을 수 있게 길을 찾아 주세요.

동물 1
개 팔자가 상팔자

개처럼 아무런 걱정 없이 먹고 놀며 사는 것이 좋아 보인다는 뜻이에요.

언제 사용할까요? 일이 많거나 고생스러울 때, 한가롭게 지내는 개를 보며 자신의 상황과 비교할 때 사용하는 표현이에요.

♥ 어려운 단어를 배워 보자냥! ♥

팔자
사람의 한평생의 운수. 사주팔자에서 유래한 말.

♥ 비슷한 속담을 배워 보자냥! ♥

오뉴월 개 팔자
하는 일 없이 놀고먹는 상황을 뜻해요.

♥ 재미있는 상식을 배워 보자냥! ♥

개도 스트레스를 받으면 스트레스 호르몬인 코르티솔이 분비돼 심박수 증가, 식욕 감소 등 변화를 겪어요.

동물 2

고래 싸움에 새우 등 터진다

강자들의 다툼이나 충돌로 인해 아무 상관없는 약자가 피해를 본다는 뜻이에요.

권력을 가지고 있거나 힘이 센 사람들의 싸움에 가만히 있던 사람이 피해를 볼 때 사용하는 표현이에요.

♥ 어려운 단어를 배워 보자냥! ♥

고래
바다에 사는 큰 동물로, 물속에서 숨을 쉬며 새끼를 낳아 키우는 포유류.

♥ 비슷한 속담을 배워 보자냥! ♥

두꺼비 싸움에 파리 치인다
힘센 자들이 싸우는 통에 약한 자가 피해를 입는다는 뜻이에요.

♥ 재미있는 상식을 배워 보자냥! ♥

실제로 수컷 고래는 짝짓기 철에 암컷의 관심을 끌기 위해 서로 경쟁하며 몸을 부딪치거나 꼬리로 치는 등 싸우는 것 같은 모습을 보인다고 해요.

굼벵이도 구르는 재주가 있다

아무리 능력이 없는 사람도 잘하는 일이 하나쯤은 있다는 뜻이에요.

평범하거나 무능해 보이는 사람도 자신의 능력을 발휘해 놀라운 결과를 낼 때 사용하는 표현이에요.

♥ 어려운 단어를 배워 보자냥! ♥

굼벵이
주로 땅속에 살며, 몸통이 굵고 다리가 짧아 동작이 느리다.

♥ 비슷한 속담을 배워 보자냥! ♥

우렁이도 두렁 넘을 꾀가 있다
각자의 방식으로 문제를 해결할 능력이 있다는 뜻이에요.

♥ 재미있는 상식을 배워 보자냥! ♥

굼벵이는 일반적으로 느리게 기어다니지만, 몸을 둥글게 말아 굴러서 이동하는 경우도 있어요. 이는 주로 위험에 처했을 때 몸을 보호하거나 빠르게 피하기 위한 행동이에요.

동물 4

낮말은 새가 듣고 밤말은 쥐가 듣는다

아무리 은밀한 말이라도 누군가 들을 수 있으니 조심해야 한다는 뜻이에요.

다른 사람에게 비밀로 하고 싶은 이야기를 조심해야 할 때 사용하는 표현이에요.

 ♥ 어려운 단어를 배워 보자냥! ♥

낮말
낮에 하는 말.

밤말
밤에 하는 말.

♥ 비슷한 속담을 배워 보자냥! ♥

벽에도 귀가 있다
비밀이 없다는 뜻이에요.

♥ 재미있는 상식을 배워 보자냥! ♥

새는 낮에 주변의 움직임과 소리를 포착하는 능력이 뛰어나고, 쥐는 야행성 동물로 청각이 발달해 어둠 속에서도 작은 소리까지 들을 수 있어요.

동물 5

돼지에 진주 목걸이

가치를 모르는 사람에게는
귀한 물건이나
훌륭한 것을 줘도 소용없다는
뜻이에요.

언제 사용할까요? 소중한 것을 제대로 활용하지 못하는 사람에게 줘서 그 가치가 무의미해질 때 사용하는 표현이에요.

♡ 어려운 단어를 배워 보자냥! ♡

진주
조개 따위의 살 속에 생기는 딱딱한 덩어리로 우아하고 아름다운 빛깔의 광택이 난다.

♡ 비슷한 속담을 배워 보자냥! ♡

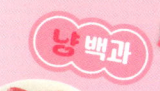

진주를 돼지에게 던진다
아무런 보람도 바랄 수 없는 쓸모없는 일을 한다는 뜻이에요.

♡ 재미있는 상식을 배워 보자냥! ♡

돼지는 후각으로 주변을 탐지하고 판단하기 때문에 진주처럼 냄새가 없는 물건의 아름다움을 느끼지 못해요. 모든 동물은 자신에게 필요한 감각에 집중해 정보를 파악하지요.

동물 6

미꾸라지 한 마리가 온 웅덩이를 흐려 놓는다

한 사람의
나쁜 행동이나 잘못이
전체에 큰 영향을 끼쳐
분위기를 망칠 수 있다는
뜻이에요.

 개인의 행동이 모두에게 미치는 영향을 강조하며 단체 생활에서 각자의 책임감을 알려 줄 때 사용하는 표현이에요.

미꾸라지
진흙 속에서 사는 물고기로 몸은 가늘고 길며 몹시 미끄럽고 수염이 길다.

웅덩이
움푹 파여 물이 괴어 있는 곳.

♥ 비슷한 속담을 배워 보자냥! ♥

어물전 망신은 꼴뚜기가 시킨다
한 사람이 전체에게 나쁜 영향을 준다는 뜻이에요.

♥ 재미있는 상식을 배워 보자냥! ♥

미꾸라지는 길고 유연한 몸과 미끈한 피부, 꼬리의 강한 움직임 덕분에 물의 저항을 덜 받아 빠르게 헤엄칠 수 있어요. 이는 적을 피하거나 먹이를 찾아 생존하기 위한 특징이에요.

소 잃고 외양간 고친다

어떤 일이 잘못되고 나서야 대책을 세운다는 뜻이에요.

이미 문제가 생긴 뒤에 대비책을 마련하는 상황에서 사용하는 표현이에요.

냥사전

♥ 어려운 단어를 배워 보자냥! ♥

외양간
소를 기르는 곳.

♥ 비슷한 속담을 배워 보자냥! ♥

도둑맞고 사립문 고친다
일이 벌어진 뒤에야 대비한다는 뜻이에요.

냥백과

냥탐구

♥ 재미있는 상식을 배워 보자냥! ♥

외양간은 단순히 소나 가축을 보호하는 곳을 넘어, 농업 사회에서 가족의 생계와 경제적 기반을 상징하는 중요한 공간이에요.

동물 8
우물 안 개구리

좁은 환경에 갇혀 자신만 잘났다고 착각한다는 뜻이에요.

언제 사용할까요?

경험이 부족하거나 넓은 세상을 보지 못해 자신의 능력이나 상황을 과대평가하는 사람에게 사용하는 표현이에요.

냥사전 ♥ 어려운 단어를 배워 보자냥! ♥

우물
물을 긷기 위하여 땅을 파서 지하수를 괴게 한 곳.

♥ 비슷한 속담을 배워 보자냥! ♥   **냥백과**

대롱으로 하늘을 본다
좁은 시야로 세상을 본다는 뜻이에요.

♥ 재미있는 상식을 배워 보자냥! ♥

개구리는 원래 이동성과 탐험 본능이 강한 동물이어서, 우물 같은 제한된 공간은 생태적으로 적합하지 않아요.

동물 9

토끼가 제 방귀에 놀란다

자신이 한 행동에 자신이 놀라거나, 별것 아닌 일에 과도하게 놀란다는 뜻이에요.

별일 아닌 일에 지나치게 겁을 먹거나, 자기 행동에 스스로 당황할 때 사용하는 표현이에요.

냥사전

♥ 어려운 단어를 배워 보자냥! ♥

방귀
음식물이 배 속에서 발효되는 과정에서 항문으로 나오는 구린내 나는 무색의 기체.

♥ 비슷한 속담을 배워 보자냥! ♥

냥백과

자라 보고 놀란 가슴 솥뚜껑 보고 놀란다
한번 놀란 뒤에 또 쉽게 놀란다는 뜻이에요.

♥ 재미있는 상식을 배워 보자냥! ♥

토끼는 야생에서 살아남기 위해 작은 소리도 위험 신호로 인식해 빠르게 도망가요. 이는 살기 위한 본능적 행동이에요.

동물 10

호랑이는 죽어서 가죽을 남기고 사람은 죽어서 이름을 남긴다

호랑이는 죽은 뒤에도 귀한 가죽으로 기억되듯, 사람은 살아 있을 때의 업적과 명성이 죽은 후에도 남는다는 뜻이에요.

언제 사용할까요?

사람이 살아 있는 동안 좋은 일을 하고, 명예를 남기는 것이 중요하다는 교훈을 줄 때 사용하는 표현이에요.

♥ 어려운 단어를 배워 보자냥! ♥

가죽
동물의 몸을 감싸고 있는 질긴 껍질.

이름
다른 것과 구별하기 위하여 사물, 단체, 현상 따위에 붙여서 부르는 말.

♥ 반대 속담을 배워 보자냥! ♥

모양이 개잘량*이다
명예와 체면을 잃었다는 뜻이에요.

*개잘량 : 개의 가죽으로 만든 방석.

♥ 재미있는 상식을 배워 보자냥! ♥

호랑이 가죽은 역사적으로 높은 가치를 지녔으나, 현재는 멸종위기종 보호를 위해 거래가 금지되어 있어요. 판매 목적이 아니더라도 가지고 있는 것만으로도 처벌받을 수 있어요.

속담 더하기

동물과 관련한 속담을 더 알아봐요.

가재는 게 편
비슷한 사람끼리 서로 편을 든다는 뜻이에요.

꿩 먹고 알 먹는다
한 번에 두 가지 이득을 얻는다는 뜻이에요.

고양이한테 생선을 맡기다
믿을 수 없는 사람에게 중요한 일을 맡긴다는 뜻이에요.

닭 쫓던 개 지붕 쳐다보듯
애쓰던 일이 실패해 어쩔 수 없다는 뜻이에요.

못된 송아지 엉덩이에 뿔난다
못된 사람이 더 건방지게 군다는 뜻이에요.

뛰어야 벼룩
아무리 애써도 크게 달라질 수 없다는 뜻이에요.

뱁새가 황새를 따라가면 다리가 찢어진다
능력에 맞지 않는 일을 하면 큰 화를 입는다는 뜻이에요.

지렁이도 밟으면 꿈틀한다
약한 사람도 너무 억압하면 반발한다는 뜻이에요.

원숭이도 나무에서 떨어진다
능숙한 사람도 실수할 수 있다는 뜻이에요.

참새가 방앗간을 그저 지나랴
좋아하는 것을 보고 그냥 지나칠 수 없다는 뜻이에요.

야옹야옹 놀이터

보기와 같은 샴푸냥은 모두 몇 마리일까요?

마음 1

겉 다르고 속 다르다

겉으로 보이는 모습과 실제 마음이나 생각이 다르다는 뜻이에요.

언제 사용할까요?

겉으로는 좋은 척하면서 속으로는 다른 생각을 하는 모습을 지적할 때 사용하는 표현이에요.

♥ 어려운 단어를 배워 보자냥! ♥

겉
물체의 바깥 부분.

속
거죽이나 껍질로 싸인 물체의 안쪽 부분.

♥ 비슷한 속담을 배워 보자냥! ♥

양의 탈을 쓴 늑대
겉은 선해 보여도 속은 악하다는 뜻이에요.

♥ 재미있는 상식을 배워 보자냥! ♥

인간관계에서는 믿음이 중요해요. 겉과 속이 다르면 상대방과 믿음이 깨질 수 있어 오해나 갈등이 생기기 쉬워요.

마음 2

바늘로 찔러도 피 한 방울 안 난다

성격이 매우 차갑고 냉정하거나, 인색한 사람을 비유적으로 표현한 뜻이에요.

언제 사용할까요?

다른 사람을 배려하지 않고 매정하게 행동하는 사람이나 상황을 묘사할 때 사용하는 표현이에요.

바늘
옷 따위를 짓거나 꿰매는 데 쓰는, 가늘고 끝이 뾰족한 쇠로 된 물건.

피
사람이나 동물의 몸 안의 혈관을 돌며 산소와 영양분을 공급하고, 노폐물을 운반하는 붉은색의 액체.

♥ 비슷한 속담을 배워 보자냥! ♥

이마를 찔러도 피 한 방울 안 나겠다
마음이 냉정하고 차갑다는 뜻이에요.

♥ 재미있는 상식을 배워 보자냥! ♥

날카로운 것에 찔리면 피부가 다치고 피가 나요. 상처가 나면 몸이 피를 굳게 만드는 반응을 시작하는데 스스로 회복하려는 자연스러운 반응이에요.

마음 3

바다는 메워도 사람의 욕심은 못 채운다

아무리 많은 것을 가져도 만족하지 못하는 욕심을 표현한 뜻이에요.

언제 사용할까요?

사람이 지나치게 욕심을 부리거나, 가진 것에 만족하지 못하고 더 많은 것을 탐낼 때 사용하는 표현이에요.

냥사전

♥ 어려운 단어를 배워 보자냥! ♥

메우다
뚫려 있거나 비어 있는 곳을 막거나 채우다.

♥ 비슷한 속담을 배워 보자냥! ♥ **냥백과**

아홉 가진 놈이 하나 가진 놈 부러워한다
욕심이 많다는 뜻이에요.

냥탐구

♥ 재미있는 상식을 배워 보자냥! ♥

바다를 전부 메우는 건 불가능하지만, 흙과 모래로 일부를 채워 땅으로 만드는데, 이런 일을 간척사업이라고 해요.

마음 4
열 길 물속은 알아도 한 길 사람의 속은 모른다

깊은 물의 상태는 알 수 있어도 사람의 마음은 겉으로 드러나지 않아 알기 어렵다는 뜻이에요.

언제 사용할까요?

사람의 마음은 보이지 않아 진심을 알기 어려운 상황을 설명할 때 사용하는 표현이에요.

냥과편 ♥ 어려운 단어를 배워 보자냥! ♥

길
길이를 나타내는 단위로 1길은 약 2.4m 정도이다.

♥ 비슷한 속담을 배워 보자냥! ♥ 냥백과

사람 속은 천 길 물속이라
사람 마음은 알기 어렵다는 뜻이에요.

냥탐구 ♥ 재미있는 상식을 배워 보자냥! ♥

사람의 생각은 뇌 속에서 신경들이 정보를 주고받아 만들어져요. 하지만 이 과정은 눈에 보이지 않아서, 생각을 말로 하거나 행동으로 보여 줘야 다른 사람이 알 수 있어요.

마음 5

감기 고뿔도 남을 안 준다

아주 사소하거나 불필요한 것조차도 남에게 나눠 주지 않을 만큼 인색한 사람이라는 뜻이에요.

구두쇠처럼 굴며 이기적으로 행동하는 사람을 지적할 때 사용하는 표현이에요.

냥사전

♥ 어려운 단어를 배워 보자냥! ♥

고뿔
감기의 다른 표현. 코, 목, 기관지에 영향을 주는 바이러스성 질환.

♥ 비슷한 속담을 배워 보자냥! ♥

냥백과

나그네 보내고 점심 한다
인색한 마음을 표현하는 뜻이에요.

냥탐구

♥ 재미있는 상식을 배워 보자냥! ♥

감기는 주로 바이러스가 코나 목으로 들어와서 생겨요. 날씨가 추울 때나 몸이 약해지면 바이러스가 더 잘 활동해요. 손을 자주 씻고 마스크를 쓰면 감기를 막을 수 있어요.

마음 6

똥 누러 갈 적 마음 다르고 올 적 마음 다르다

상황에 따라 태도나 마음이 변한다는 뜻이에요.

어려운 상황에서는 간절하게 부탁하거나 약속했지만, 일이 끝난 후에는 태도가 달라지는 모습을 지적할 때 사용하는 표현이에요.

냥사전

♥ 어려운 단어를 배워 보자냥! ♥

똥
배설물, 소화되지 않은 음식물의 찌꺼기.

냥백과

♥ 비슷한 속담을 배워 보자냥! ♥

**뒷간에 갈 적 마음 다르고
올 적 마음 다르다**
상황에 따라 마음이 바뀐다는 뜻이에요.

냥탐구

♥ 재미있는 상식을 배워 보자냥! ♥

상황에 따라 태도가 변하는 것은 스트레스를 줄이려는 본능이에요. 하지만 이런 태도가 계속되면 신뢰를 잃고 관계가 나빠질 수 있기 때문에 약속을 책임지고 지키려는 태도가 중요해요.

마음 7
사촌이 땅을 사면 배가 아프다

가까운 사람이 잘되는 것을 질투하거나 부러워하는 마음이라는 뜻이에요.

언제 사용할까요? 다른 사람의 성공이나 이득을 보면서 속으로 부러워하거나 시기하는 마음을 나타낼 때 사용하는 표현이에요.

♥ 어려운 단어를 배워 보자냥! ♥

사촌
부모의 형제자매의 자녀끼리의 촌수.

♥ 비슷한 속담을 배워 보자냥! ♥

남의 떡이 더 커 보인다
남의 것이 더 좋아 보인다는 뜻이에요.

 ♥ 재미있는 상식을 배워 보자냥! ♥

사람은 비교와 경쟁 심리 때문에 질투를 느끼게 돼요. 이런 감정은 다른 사람과 나를 비교하며 자신의 위치를 확인하려는 본능에서 비롯되지요.

마음 8

말 안 하면 귀신도 모른다

아무리 생각이 많아도 입 밖으로 표현하지 않으면 다른 사람이 알 수 없다는 뜻이에요.

언제 사용할까요? 자신의 생각이나 감정을 표현하지 않아 상대방이 오해하는 상황에서 사용하는 표현이에요.

냥사전

♥ 어려운 단어를 배워 보자냥! ♥

귀신
사람이 죽은 뒤에 남는다는 넋.

냥백과

♥ 반대 속담을 배워 보자냥! ♥

말 많은 집은 장맛도 쓰다.
말이 많으면 일이 제대로 되지 않는다는 뜻이에요.

냥탐구

♥ 재미있는 상식을 배워 보자냥! ♥

한국 속담에서 귀신이 자주 등장하는 이유는 귀신이 신비롭고 초자연적인 존재로 여겨져 사람들의 믿음과 두려움을 상징하기 때문이에요.

마음 9

도둑이 제 발 저리다

죄를 지은 사람은 자기 죄가 탄로 날까 봐 두려워하다가, 자기도 모르는 새에 죄를 드러내게 된다는 뜻이에요.

언제 사용할까요?

잘못을 저지르고 스스로 떳떳하지 못해 행동이나 말로 그 사실을 드러내는 사람을 비유할 때 사용하는 표현이에요.

냥사전

♥ 어려운 단어를 배워 보자냥! ♥

저리다
뼈마디나 몸의 일부가 오래 눌려서 피가 잘 통하지 못하여 감각이 둔하고 아리다.

♥ 비슷한 속담을 배워 보자냥! ♥

냥백과

도둑이 포도청 간다
잘못을 숨기려는 행동이 도리어 잘못을 드러낸다는 뜻이에요.

냥탐구

♥ 재미있는 상식을 배워 보자냥! ♥

죄를 짓고 나면 스트레스 호르몬인 코르티솔이 증가해 심리적 불안을 느끼게 돼요. 이로 인해 무의식적으로 불안한 행동이나 말이 나타날 수 있어요.

마음 10
마음 없는 염불

겉으로는 열심히 하는 척하지만, 실제로는 마음이 담기지 않아 진심이 없는 행동이나 말이라는 뜻이에요.

언제 사용할까요?
일이나 말을 하면서 진정성이 없고 형식적으로만 행동하는 상황을 지적할 때 사용하는 표현이에요.

냥사전

♥ 어려운 단어를 배워 보자냥! ♥

염불
부처의 모습과 공덕을 생각하면서 아미타불을 부르는 일.

냥백과

♥ 비슷한 속담을 배워 보자냥! ♥

속 빈 강정
겉만 좋고 실속 없음을 뜻해요.

냥탐구

♥ 재미있는 상식을 배워 보자냥! ♥

행동에 진심이 담기지 않으면 상대방은 표정이나 말투 등으로 이를 감지할 수 있어요. 진심 없는 행동은 관계를 소홀히 만들고, 신뢰를 떨어뜨릴 수 있어요.

속담 더하기

마음과 관련한 속담을 더 알아봐요.

걱정도 팔자다
쓸데없는 걱정을 많이 한다는 뜻이에요.

때린 놈은 다리 못 뻗고 자도 맞은 놈은 다리 뻗고 잔다
해를 끼치면 불안하고, 피해를 입으면 편하다는 뜻이에요.

남의 밥그릇이 더 커 보인다
남의 것이 더 좋아 보인다는 뜻이에요.

불면 꺼질까 쥐면 터질까
매우 소중하게 다룬다는 뜻이에요.

참는 자에게 복이 있다
참고 견디면 좋은 결과가 온다는 뜻이에요.

앉은 자리에 풀도 안 나겠다
냉혹한 사람이라는 뜻이에요.

사람은 얼굴보다 마음이 고와야 한다
외모보다 마음씨가 중요하다는 뜻이에요.

평안 감사도 저 싫으면 그만이다
아무리 좋은 일도 본인이 싫으면 소용없다는 뜻이에요.

마음이 콩밭에 가 있다
정신이 딴 데 팔려 있다는 뜻이에요.

한번 쥐면 펼 줄 모른다
욕심이 많아 한 번 가지면 놓지 않는다는 뜻이에요.

야옹야옹 놀이터

가운데 똑똑냥과 다른 그림 3개를 찾아 동그라미 하세요.

교훈 1

백지장도 맞들면 낫다

아무리 쉬운 일이라도 혼자보다는 둘이 함께 하면 더 쉽고 효과적으로 할 수 있다는 뜻이에요.

언제 사용할까요? 혼자 하기보다 협력하거나 서로 도와주는 것이 중요함을 강조할 때 사용하는 표현이에요.

♥ 어려운 단어를 배워 보자냥! ♥

백지장
하얀 종이의 낱장.

맞들다
물건을 양쪽에서 마주 들다.

♥ 비슷한 속담을 배워 보자냥! ♥

손이 많으면 일도 쉽다
함께하면 일이 쉬워진다는 뜻이에요.

♥ 재미있는 상식을 배워 보자냥! ♥

무게나 힘이 여러 방향으로 나뉘면 한 사람이 감당해야 하는 부담이 줄어들어서 작업을 더 효율적으로 할 수 있어요.

교훈 2

공든 탑이 무너지랴

열심히 노력한 일은 좋은 결과를 가져오고 쉽게 망가지지 않는다는 뜻이에요.

언제 사용할까요?

꾸준한 노력과 정성을 강조하며, 성실히 한 일은 결국 좋은 결과로 이어진다는 격려를 할 때 사용하는 표현이에요.

냥사전

♥ 어려운 단어를 배워 보자냥! ♥

공들이다
어떤 일을 이루는 데 정성과 노력을 많이 들이다.

냥백과

♥ 비슷한 속담을 배워 보자냥! ♥

노력은 배신하지 않는다
열심히 한 일은 좋은 결과를 맺는다는 뜻이에요.

냥탐구

♥ 재미있는 상식을 배워 보자냥! ♥

열심히 노력하면 좋은 결과를 얻을 가능성이 높아요. 하지만 예상치 못한 일들이 생길 수 있으니 이런 상황에 대비하는 것도 중요해요.

교훈 3
구슬이 서 말이라도 꿰어야 보배

아무리 좋은 재료나 능력을 갖추고 있어도, 제대로 활용하지 않으면 가치를 발휘하지 못한다는 뜻이에요.

언제 사용할까요?

자신의 능력을 발전시키려면 주어진 기회나 물건을 잘 활용해야 한다는 교훈을 전할 때 사용하는 표현이에요.

 ♥ 어려운 단어를 배워 보자냥! ♥

말
부피를 재는 단위.

꿰다
실이나 끈 따위를 구멍이나 틈의 한쪽에 넣어 다른 쪽으로 내다.

♥ 비슷한 속담을 배워 보자냥! ♥

가마솥의 콩도 삶아야 먹는다
준비 없이는 좋은 결과를 기대할 수 없다는 뜻이에요.

 ♥ 재미있는 상식을 배워 보자냥! ♥

많은 정보를 모아도 그것을 잘 정리하고 분석하지 않으면 의미 있는 결과를 얻기 어려워요. 따라서 모은 정보를 체계적으로 정리하고 중요한 내용을 찾아내는 과정이 중요해요.

교훈 4

등잔 밑이 어둡다

가까이 있는 물건이나 사람을 잘 알기 어렵다는 뜻이에요.

언제 사용할까요?

가족이나 친구의 고민을 알아차리지 못하거나 가까이 있는 물건을 찾지 못할 때 사용하는 표현이에요.

냥 사전

♥ 어려운 단어를 배워 보자냥! ♥

등잔
기름을 담아 등불을 켜는 데에 쓰는 그릇.

냥 백과

♥ 비슷한 속담을 배워 보자냥! ♥

업은 아이 삼 년 찾는다
가까운 것도 잘 못 찾는다는 뜻이에요.

냥 탐구

♥ 재미있는 상식을 배워 보자냥! ♥

빛은 똑바로 나아가는 성질이 있어서, 등잔이나 전등 같은 물건이 빛을 내면 주변은 밝아져요. 하지만 바로 아래쪽에는 빛이 닿지 못 해서 어둡게 보일 수 있어요.

교훈 5

말이 씨가 된다

무심코 한 말이 실제로 현실에서 이루어질 수 있다는 뜻이에요.

언제 사용할까요? 조심성 없이 한 말이 나쁜 결과를 초래하거나, 긍정적인 말이 좋은 결과로 이어질 때 사용하는 표현이에요.

♥ 어려운 단어를 배워 보자냥! ♥

씨
식물의 열매 속에 있는, 장차 싹이 터서 새로운 개체가 될 단단한 물질.

♥ 비슷한 속담을 배워 보자냥! ♥

혀 아래 도끼 들었다
항상 말을 조심해야 한다는 뜻이에요.

♥ 재미있는 상식을 배워 보자냥! ♥

플라세보 효과란 긍정적인 말을 반복하면 뇌가 이를 사실로 믿고 행동으로 이어지는 현상을 말해요. 반대로, 부정적인 말은 자신감을 떨어뜨리고 결과도 좋지 않을 수 있어요.

교훈 6
모르는 게 약이다

정보를 아예 모르면 마음이 편할 수 있다는 뜻이에요.

언제 사용할까요?
알 필요 없는 사실이나 지나친 정보가 오히려 해로울 때 사용하는 표현이에요.

냥사전

♥ 어려운 단어를 배워 보자냥! ♥

약
몸이나 마음에 이로운 것을 비유적으로 이르는 말.

냥백과

♥ 반대 속담을 배워 보자냥! ♥

아는 게 병이다
너무 많이 알아도 걱정이 생긴다는 뜻이에요.

냥탐구

♥ 재미있는 상식을 배워 보자냥! ♥

과도한 정보는 뇌에 스트레스를 주고, 감정적으로 불안을 유발할 수 있어요. 하지만 정보를 잘 활용하고 대처하면 도움이 돼요.

교훈 7

시작이 반이다

어떤 일을 시작하는 것이 이미 절반을 이룬 것과 같을 만큼 중요하다는 뜻이에요.

망설이거나 주저하는 사람에게 시작의 중요성을 강조하며 격려할 때 사용하는 표현이에요.

냥사전

♥ 어려운 단어를 배워 보자냥! ♥

시작
어떤 일이나 행동의 처음 단계.

냥백과

♥ 반대 속담을 배워 보자냥! ♥

하루 물림이 열흘 간다
일을 미루지 말고 제때 하라는 뜻이에요.

냥탐구

♥ 재미있는 상식을 배워 보자냥! ♥

'시작'은 뇌가 새로운 과제에 적응하고 첫 단계를 인지하는 중요한 과정이에요. 어떤 일을 시작을 하면 뇌는 점점 다음 단계를 처리하며 일을 완료하려는 성향을 보여요.

교훈 8
아는 길도 물어 가라

잘 아는 일이나 익숙한 상황이라도 다시 확인하고 조심해야 실수를 줄일 수 있다는 뜻이에요.

확신이 있더라도 한 번 더 점검하거나, 확인의 중요성을 강조할 때 사용하는 표현이에요.

냥사전 ♥ 어려운 단어를 배워 보자냥! ♥

길
사람이나 동물 또는 자동차 따위가 지나갈 수 있게 땅 위에 낸 일정한 너비의 공간.

♥ 비슷한 속담을 배워 보자냥! ♥ 냥백과

돌다리도 두들겨 보고 건너라.
잘 아는 일이라도 꼼꼼하게 확인하라는 뜻이에요.

냥탐구 ♥ 재미있는 상식을 배워 보자냥! ♥

자신감이 너무 지나치면 뇌가 세부적인 정보를 잘 살피지 않고 대충 판단할 수 있기 때문에 항상 신중하게 생각하고 자세히 살피는 태도를 갖는 것이 중요해요.

교훈 9

참는 자에게 복이 있다

어려운 상황에서도 인내하고 견디는 사람은 결국 좋은 결과나 보상을 얻는다는 뜻이에요.

 참고 견뎌야 하는 상황에서 인내심을 강조하거나, 고난이 끝나면 좋은 일이 있을 것이라고 격려할 때 사용하는 표현이에요.

♥ 어려운 단어를 배워 보자냥! ♥

참다
감정이나 고통을 억누르고 견디는 것.

복
삶에서 누리는 좋고 만족할 만한 행운. 또는 거기서 얻는 행복.

♥ 비슷한 속담을 배워 보자냥! ♥

참을 인 자 셋이면 살인도 피한다
인내심을 가지고 행동하라는 뜻이에요.

♥ 재미있는 상식을 배워 보자냥! ♥

인내는 심리적으로도 중요한 덕목이에요. 참고 견디다 보면 뇌의 자기 조절 능력이 강화되고, 성취감을 얻는 보상이 더 크게 느껴져요.

교훈 10

티끌 모아 태산

작고 보잘것없는 것들도 모이면 큰 결과를 만들어 낸다는 뜻이에요.

적은 노력이나 자원을 꾸준히 쌓아 큰 성과를 내야 할 때 사용하는 표현이에요.

♥ 어려운 단어를 배워 보자냥! ♥

티끌
티와 먼지를 통틀어 이르는 말.

태산
높고 큰 산.

♥ 반대 속담을 배워 보자냥! ♥

밑 빠진 독에 물 붓기
아무리 노력해도 헛된 상황이라는 뜻이에요.

♥ 재미있는 상식을 배워 보자냥! ♥

자연에서는 작은 물체들이 모여 큰 물체를 만드는 경우가 많아요. 예를 들어, 모래알이 모여 해변을 이루고, 작은 물방울들이 모여 강이나 바다가 되지요.

속담 더하기

교훈과 관련한 속담을 더 알아봐요.

고생 끝에 낙이 온다
힘든 일을 겪은 후에는 반드시 좋은 일이 생긴다는 뜻이에요.

꼬리가 길면 밟힌다
나쁜 일은 반드시 들키게 되어 있다는 뜻이에요.

누워서 침 뱉기
남을 해치려다 오히려 자신이 해를 입는다는 뜻이에요.

말 한마디로 천 냥 빚을 갚는다
말을 잘하면 어려운 일도 해결할 수 있다는 뜻이에요.

배움에는 나이가 없다
배우는 데에는 나이 제한이 없다는 뜻이에요.

믿는 도끼에 발등 찍힌다
믿었던 사람에게 배신당한다는 뜻이에요.

벼 이삭은 익을수록 고개를 숙인다
지식이 많을수록 겸손해진다는 뜻이에요.

찬물도 위아래가 있다
어떤 일이든 순서와 예의가 있다는 뜻이에요.

바늘 도둑이 소도둑 된다
나쁜 행동을 반복하면 습관이 되어 결국 큰 죄를 저지르게 된다는 뜻이에요.

하늘은 스스로 돕는 자를 돕는다
자신의 노력이 있어야 좋은 결과를 얻는다는 뜻이에요.

야옹야옹 놀이터

그림을 보고 같은 위시캣 5마리를 찾아 아래 그림에 동그라미 하세요.

관계 1

검정개는 돼지 편

상황이 비슷한 사람들이 서로 잘 어울리고, 서로 이해하며 도와주기 쉬운 모습이라는 뜻이에요.

자신에게 유리한 쪽으로 치우치는 행동을 비판하거나, 친한 사람들끼리 서로 돕는 상황을 표현할 때 사용하는 표현이에요.

냥 사전

♥ **어려운 단어를 배워 보자냥!** ♥

검정개
털빛이 검은 개.

냥 백과

♥ **비슷한 속담을 배워 보자냥!** ♥

가재는 게 편
비슷한 사람들이 서로 편을 든다는 뜻이에요.

냥 탐구

♥ **재미있는 상식을 배워 보자냥!** ♥

사람들은 자신과 비슷한 사람에게 더 끌리는 경향이 있어요. 이것을 유사성 효과라고 해요. 비슷한 성격, 취미를 가진 사람과 함께 있으면 더 편안하고 친근하게 느껴지기 때문이에요.

관계 2

발가락의 티눈만큼도 안 여긴다

상대를 아주 하찮게 여기거나 중요하게 생각하지 않는다는 뜻이에요.

언제 사용할까요?

상대를 무시하면서 의견이나 존재를 전혀 존중하지 않을 때 사용하는 표현이에요.

냥사전

♥ 어려운 단어를 배워 보자냥! ♥

티눈
손이나 발에 생기는 사마귀 비슷한 굳은살.

냥백과

♥ 비슷한 속담을 배워 보자냥! ♥

발가락 새 티눈만도 못하다
매우 쓸모없다는 뜻이에요.

냥탐구

♥ 재미있는 상식을 배워 보자냥! ♥

티눈은 피부에 반복적으로 압력과 마찰이 가해져 생기는 단단하고 두꺼운 각질층이에요. 주로 발바닥이나 발가락에 생겨요.

관계 3
부부 싸움은 칼로 물 베기

부부가 아무리 심하게 다투어도 오래가지 않고 금방 화해한다는 뜻이에요.

언제 사용할까요?
부부의 다툼은 일시적이고, 결국 금세 화합된다는 것을 강조할 때 사용하는 표현이에요.

냥사전

♥ 어려운 단어를 배워 보자냥! ♥

베다
날이 있는 연장 따위로 무엇을 끊거나 자르거나 가르다.

냥백과

♥ 비슷한 속담을 배워 보자냥! ♥

내외간 싸움은 개싸움
부부의 다툼은 일시적이라는 뜻이에요.

냥탐구

♥ 재미있는 상식을 배워 보자냥! ♥

물은 액체라 형태가 일정하지 않아 물리적으로 나눌 수 없어요. 물 분자*는 서로 끌어당기는 힘인 표면 장력* 때문에 다시 결합해 원래 상태로 돌아가요.

*분자 : 물질을 이루는 아주 작은 기본 단위.
*표면 장력 : 서로 끌어 당기는 힘이 있어서 작은 면적을 유지하려는 힘.

옷깃만 스쳐도 인연이다

작은 인연도 소중히 여겨야 한다는 의미로, 우연히 지나치며 겪는 사람도 모두 인연이라는 뜻이에요.

길을 걷다 만난 사람이나 우연히 스친 인연이 특별하게 느껴질 때 사용하는 표현이에요.

냥사전
♥ 어려운 단어를 배워 보자냥! ♥

옷깃
저고리나 두루마기의 목에 둘러대어 앞에서 여밀 수 있도록 된 부분.

냥백과
♥ 반대 속담을 배워 보자냥! ♥

인연은 스스로 만드는 것이다
인간관계는 노력에 따라 만들어진다는 뜻이에요.

냥탐구
♥ 재미있는 상식을 배워 보자냥! ♥

옷깃이 스쳤다고 바로 특별한 인연이 되는 건 아니지만, 사람과 사람 사이의 관계를 소중히 여기라는 의미를 담고 있어요.

옷은 새 옷이 좋고 사람은 오랜 사람이 좋다

옷은 새것일수록 좋지만, 사람은 오래 알고 지낸 관계일수록 믿음직하고 소중하다는 뜻이에요.

새로운 친구를 사귀는 것도 좋지만, 오랜 친구의 소중함을 강조할 때 사용하는 표현이에요.

 ♥ 어려운 단어를 배워 보자냥! ♥

새
이미 있던 것이 아니라 처음 마련하거나 다시 생겨난.

오랜
이미 지난 동안이 긴.

♥ 비슷한 속담을 배워 보자냥! ♥

장은 묵은 장맛이 좋다
장과 사람은 오래될수록 좋다는 뜻이에요.

 ♥ 재미있는 상식을 배워 보자냥! ♥

오래 알고 지낸 사람은 서로의 성격, 습관, 장단점을 이해하고 믿음이 쌓였기 때문에 낯선 관계보다 익숙하고 더 큰 안정감을 느껴요.

관계 6
원수는 외나무다리에서 만난다

> 평소에 원한을 품은 사람은 피할 수 없는 상황에서 꼭 마주치게 된다는 뜻이에요.

언제 사용할까요? 원하지 않는 사람과 어쩔 수 없이 대면해야 하거나, 원한 관계가 다시 문제를 일으킬 때 사용하는 표현이에요.

 ♥ 어려운 단어를 배워 보자냥! ♥

원수

원한이 맺힐 정도로 자기에게 해를 끼친 사람이나 집단.

외나무다리
한 개의 통나무로 놓은 다리.

♥ 비슷한 속담을 배워 보자냥! ♥

가는 날이 장날이다
예상치 못한 상황이라는 뜻이에요.

 ♥ 재미있는 상식을 배워 보자냥! ♥

갈등은 사람 사이에서 흔히 일어나는 일이에요. 하지만 갈등을 그냥 두면 믿음이 깨질 수 있어요. 그래서 대화를 통해 문제를 푸는 게 중요해요.

관계 7

자식을 길러 봐야 부모 사랑을 안다

부모가 자식을 키우며 겪는 고생과 헌신은 직접 자식을 길러 보기 전에는 알기 어렵다는 뜻이에요.

언제 사용할까요?

자식을 키우며 부모의 마음과 사랑을 깨달을 때, 혹은 부모님께 감사함을 느낄 때 사용하는 표현이에요.

 ♥ 어려운 단어를 배워 보자냥! ♥

자식
부모가 낳아 기르는 아이.

사랑
어떤 사람이나 존재를 몹시 아끼고 귀중히 여기는 마음.

♥ 비슷한 속담을 배워 보자냥! ♥

자식 둔 부모 근심 놓을 날 없다
자식에 대한 부모의 사랑과 걱정은 끝이 없다는 뜻이에요.

 ♥ 재미있는 상식을 배워 보자냥! ♥

자식을 낳아 기르고 독립시킬 때까지 평균 20년 정도의 시간이 걸려요. 이 기간에 부모는 아이의 건강을 챙기고, 교육과 정서적 지원을 하며 끊임없이 애정을 쏟아요.

관계 8

짚신도 제짝이 있다

아무리 평범하거나 하찮아 보여도 사람마다 어울리는 짝은 반드시 있다는 뜻이에요.

짝을 찾지 못해 걱정하는 사람을 위로하거나 사람마다 어울리는 인연이 있다는 희망을 전할 때 사용하는 표현이에요.

♥ 어려운 단어를 배워 보자냥! ♥

짚신
볏짚으로 삼아 만든 신. 가는 새끼를 꼬아 날을 삼고 총*과 돌기총*으로 울*을 삼아 만든다.

*총 : 짚신의 기본 뼈대가 되는 부분.
*돌기총 : 짚신의 모양을 잡아주는 부분.
*울 : 짚신의 가장자리 부분.

♥ 비슷한 속담을 배워 보자냥! ♥

헌 고리도 짝이 있다
보잘것없는 사람도 짝이 있다는 뜻이에요.

♥ 재미있는 상식을 배워 보자냥! ♥

모든 사람에게 꼭 정해진 짝이 있다는 과학적 증거는 없어요. 하지만 사람은 사회적 동물이기 때문에 타인과 관계를 맺고, 서로를 이해하며 짝이 되어 가는 과정이 중요해요.

 관계 9

친구 따라 강남 간다

자신의 의지나 계획보다는 친구의 행동이나 권유에 따라 어떤 일을 하게 된다는 뜻이에요.

자신이 원하지 않더라도 친구의 영향으로 특정 행동을 하게 되었을 때 사용하는 표현이에요.

냥사전

♥ 어려운 단어를 배워 보자냥! ♥

친구
서로 친하고 가까운 관계의 사람.

강남
강의 남쪽 지역.

냥백과

♥ 비슷한 속담을 배워 보자냥! ♥

망둥이가 뛰니 꼴뚜기도 뛴다
남을 따라 행동한다는 뜻이에요.

냥탐구

♥ 재미있는 상식을 배워 보자냥! ♥

사람은 다른 사람의 결정을 보면 영향을 받는 경우가 많은데 이는 뇌에 있는 거울 뉴런이 작용해, 다른 사람 행동을 자연스럽게 따라 하려는 거예요.

관계 10

팔은 안으로 굽는다

사람은 본능적으로 자기와 가까운 사람이나 자신에게 유리한 쪽을 더 챙기고 편을 든다는 뜻이에요.

언제 사용할까요?
가족, 친구, 동료 등 가까운 사람에게 유리하게 일을 처리해 공정하지 못한 상황을 설명할 때 사용하는 표현이에요.

♥ 어려운 단어를 배워 보자냥! ♥

팔
어깨와 손목 사이의 부분.

굽다
한쪽으로 휘다.

♥ 비슷한 속담을 배워 보자냥! ♥

제 식구 감싸기
함께 일하는 사람을 편든다는 뜻이에요.

♥ 재미있는 상식을 배워 보자냥! ♥

팔꿈치 관절은 문이 열리고 닫히는 것처럼 한 방향으로 움직이는 구조예요. 안쪽으로 구부릴 때 근육과 뼈가 더 잘 작동해요.

속담 더하기

관계와 관련한 속담을 더 알아봐요.

가는 말이 고와야 오는 말이 곱다
남에게 좋은 말을 해야 자신도 좋은 말을 듣는다는 뜻이에요.

낯은 알아도 마음은 모른다
겉모습만 보고는 속마음을 알 수 없다는 뜻이에요.

남의 떡이 더 커 보인다
자기 것보다 남의 것이 더 좋아 보인다는 뜻이에요.

부모 말을 들으면 자다가도 떡이 생긴다
부모님의 말씀을 따르면 좋은 일이 생긴다는 뜻이에요.

숯이 검정 나무란다
자기도 부족한 점이 있으면서 남을 비난한다는 뜻이에요.

사또 덕분에 나팔 분다
윗사람 덕분에 아랫사람이 혜택을 받는다는 뜻이에요.

웃는 낯에 침 뱉으랴
친절하고 상냥한 사람에게는 나쁘게 대하기 어렵다는 뜻이에요.

정들자 이별
좋아지자마자 헤어져야 하는 아쉬움을 나타낸 말이에요.

은혜를 원수로 갚는다
받은 은혜를 고마워하지 않고 오히려 해를 끼친다는 뜻이에요.

형만 한 아우 없다
형이 아우보다 더 나은 경우가 많다는 뜻이에요.

야옹야옹 놀이터

빈 곳에 들어갈 알맞은 퍼즐 조각을 찾아 동그라미 하세요

세 살 버릇 여든까지 간다

어렸을 때 익힌 습관이나 행동은 나이가 들어도 쉽게 고쳐지지 않는다는 뜻이에요.

어린 나이에 형성된 습관의 중요성을 강조하거나, 나쁜 습관을 고쳐야 할 때 사용하는 표현이에요.

냥사전

♥ 어려운 단어를 배워 보자냥! ♥

여든
열의 여덟 배가 되는 수. 80을 뜻한다.

♥ 비슷한 속담을 배워 보자냥! ♥

냥백과

팔자는 길들이기로 간다
습관이 사람의 일생을 좌우할 수 있다는 뜻이에요.

냥탐구

♥ 재미있는 상식을 배워 보자냥! ♥

어린 시절은 습관이 형성되는 중요한 시기예요. 이 시기에 만들어진 습관은 시간이 지나면 고치기 어려운 경우가 많아 어릴 때부터 올바른 습관을 기르는 것이 중요해요.

속담 2
백 번 듣는 것보다 한 번 보는 게 낫다

여러 번 설명을 듣는 것보다 직접 보는 게 이해하기 쉽다는 뜻이에요.

언제 사용할까요?

말로만 설명하기 어려운 것을 직접 보여 주거나, 경험을 통해 배움의 중요성을 강조할 때 사용하는 표현이에요.

냥사전

♥ 어려운 단어를 배워 보자냥! ♥

번
차례나 순서, 행동이나 동작의 횟수.

냥백과

♥ 비슷한 속담을 배워 보자냥! ♥

듣는 것이 보는 것만 못하다.
경험이 지식보다 중요하다는 뜻이에요.

냥탐구

♥ 재미있는 상식을 배워 보자냥! ♥

사람의 뇌는 시각 정보 처리가 청각보다 훨씬 빠르고 효과적이에요. 눈으로 본 이미지는 구체적이고 생생해 더 쉽게 이해하고 기억해요.

속담 3

부자는 망해도 삼 년 먹을 것이 있다

재산이 많은 사람은 망하더라도 경제적으로 여유가 있다는 뜻이에요.

언제 사용할까요? 부자인 사람은 어려움에 처해도 기본적인 생활을 유지할 수 있음을 설명할 때 사용하는 표현이에요.

냥사전

♥ 어려운 단어를 배워 보자냥! ♥

망하다
개인, 가정, 단체 따위가 제구실을 하지 못하고 끝장이 나다.

냥백과

♥ 비슷한 속담을 배워 보자냥! ♥

큰 집이 기울어도 삼 년 간다
부자였던 사람은 쉽게 망하지 않는다는 뜻이에요.

냥탐구

♥ 재미있는 상식을 배워 보자냥! ♥

한국 속담에서 '3'은 자주 등장하며, 시간을 과장하거나 강조하기 위한 문학적 표현으로 활용돼요.

속담 4
서당 개 삼 년에 풍월을 읊는다

배움이나 경험이 부족한 사람도 특정 환경에 오래 머무르면 자연스레 지식이나 기술을 익히게 된다는 뜻이에요.

언제 사용할까요?

오랜 시간 같은 환경에서 보고 듣는 것만으로도 실력이 향상될 때 사용하는 표현이에요.

♥ 어려운 단어를 배워 보자냥! ♥

서당
한문을 개인적으로 가르치던 곳.

풍월
얻어들은 짧은 지식.

♥ 비슷한 속담을 배워 보자냥! ♥

열 번 찍어 안 넘어가는 나무 없다.
끈질기게 노력하면 성공한다는 뜻이에요.

♥ 재미있는 상식을 배워 보자냥! ♥

개는 약 2~3세 수준의 인지능력을 가졌다고 해요. 특히 문제 해결, 사회적 상호작용, 언어 이해 등에서 똑똑한 모습을 보여요.

속담 5
십 년이면 강산도 변한다

> 세월이 흐르면 사람과 세상 모든 것이 크게 달라질 수 있다는 뜻이에요.

언제 사용할까요? 오랜 시간이 지나 큰 변화가 일어났을 때, 혹은 시간이 모든 것을 바꿀 수 있음을 강조할 때 사용하는 표현이에요.

 ♥ **어려운 단어를 배워 보자냥!** ♥

년
해를 세는 단위.

강산
강과 산이라는 뜻으로, 자연의 경치를 이르는 말.

♥ **비슷한 속담을 배워 보자냥!** ♥

세월이 약이다
시간이 모든 아픔을 치유한다는 뜻이에요.

 ♥ **재미있는 상식을 배워 보자냥!** ♥

시간의 흐름에 따른 자연의 변화는 자연스러워요. 물의 흐름으로 강의 형태가 바뀌거나 풍화 작용*으로 산의 모양이 조금씩 달라져요.

*풍화 작용 : 돌이 자연의 힘에 의해 부서지거나 닳아 없어지는 과정.

쏘파 6

열 번 찍어 안 넘어가는 나무 없다

아무리 어려운 일이라도 끊임없이 노력하고 시도하면 결국에는 이루어질 수 있다는 뜻이에요.

 포기하지 않고 계속 도전하는 사람을 격려하거나, 노력의 중요성을 강조할 때 사용하는 표현이에요.

냥사전

♥ 어려운 단어를 배워 보자냥! ♥

찍다
어떤 사물이나 대상을 분명히 가리키다.

냥백과

♥ 비슷한 속담을 배워 보자냥! ♥

우물을 파도 한 우물만 파라
한 가지 일을 꾸준히 하면 작은 것이라도 이룰 수 있다는 뜻이에요.

냥탐구

♥ 재미있는 상식을 배워 보자냥! ♥

단단한 물체도 충격이나 압력이 계속 가해지면 물체 내부가 점점 약해지고 결국 부서지거나 균열이 생겨요. 이를 피로 현상이라고 해요.

속담 7

열 손가락 깨물어 안 아픈 손가락 없다

자식이 여러 명이라도 부모에게는 모두 소중하다는 뜻이에요.

언제 사용할까?

부모가 자식들에게 공평한 사랑을 보여 주거나 자식을 걱정할 때 사용하는 표현이에요.

냥 사전

♥ 어려운 단어를 배워 보자냥! ♥

깨물다
아랫니와 윗니가 맞닿을 정도로 세게 물다.

냥 백과

♥ 비슷한 속담을 배워 보자냥! ♥

제 새끼 밉다는 사람 없다
누구나 자기 자식은 사랑한다는 뜻이에요.

냥 탐구

♥ 재미있는 상식을 배워 보자냥! ♥

외부로부터 몸속 신경이 자극을 받아 통증 신호를 뇌로 보내면 아프다고 느껴요. 특히 손가락에는 신경이 많이 모여 있어서 더 쉽게 아픔을 느껴요.

속담 8
천 리 길도 한 걸음부터

아무리 크고 어려운 일도 작은 시작에서부터 출발한다는 뜻이에요.

언제 사용할까요?

큰 목표나 어려운 일을 앞두고 첫 시도를 망설이는 사람을 격려하거나, 시작의 중요성을 강조할 때 사용하는 표현이에요.

냥사전

♥ 어려운 단어를 배워 보자냥! ♥

리
거리의 단위. 1리는 약 0.393km 정도이다.

냥백과

♥ 비슷한 속담을 배워 보자냥! ♥

낙락장송도 근본은 종자
훌륭한 것도 시작이 중요하다는 뜻이에요.

냥탐구

♥ 재미있는 상식을 배워 보자냥! ♥

천 리는 약 400km로, 서울에서 부산 정도의 거리예요. 260~280km 속도의 KTX를 이용하면 1시간 30분 내외로 갈 수 있어요.

숫자 9

하나를 보면 열을 안다

작은 부분이나 일부만 보더라도 전체를 짐작하거나 파악할 수 있다는 뜻이에요.

어떤 일이나 사람을 조금만 알아도 전체 성격이나 결과를 충분히 예상할 수 있을 때 사용하는 표현이에요.

♥ 어려운 단어를 배워 보자냥! ♥

알다
교육이나 경험, 사고 행위를 통하여 사물이나 상황에 대한 정보나 지식을 갖추다.

♥ 비슷한 속담을 배워 보자냥! ♥

티끌 하나로 태산을 본다
작은 것들로 큰 결과를 얻는다는 뜻이에요.

♥ 재미있는 상식을 배워 보자냥! ♥

작은 부분을 보고 전체를 알아내는 것은 관찰하고 추리하는 힘 덕분이에요. 작은 단서 하나도 잘 살펴보면 전체의 모습을 알 수 있어요.

속담 10

하나만 알고 둘은 모른다

어떤 일의 일부만 알 뿐 전체를 이해하지 못하거나, 한쪽만 보고 다른 면은 보지 못한다는 뜻이에요.

언제 사용할까요?
사람이 문제를 편협하게 보거나, 상황의 일부만 알고 전체를 파악하지 못할 때 사용하는 표현이에요.

냥 사전

♥ 어려운 단어를 배워 보자냥! ♥

모르다
사람이나 사물 따위를 알거나 이해하지 못하다.

냥 백과

♥ 비슷한 속담을 배워 보자냥! ♥

나무를 보고 숲은 보지 못한다.
전체를 보지 못하고 작은 것만 본다는 뜻이에요.

냥 탐구

♥ 재미있는 상식을 배워 보자냥! ♥

사람은 종종 단편적인 정보로 전체를 판단하려 해요. 하지만 세상은 하나의 면만으로 이뤄지지 않아요. 모든 상황에는 다양한 맥락*이 있어서 여러 관점에서 보는 것이 중요해요.

*맥락 : 사물이나 현상이 서로 이어져 있는 관계.

찾아보기

ㄱ

가랑비에 옷 젖는 줄 모른다 ··· 10
가는 날이 장날이다 ··· 165
가는 말이 고와야 오는 말이 곱다 ··· 174
가마솥의 콩도 삶아야 먹는다 ··· 135
가뭄에 단비 ··· 30
가재는 게 편 ··· 102, 155
간에 붙었다 쓸개에 붙었다 한다 ··· 34
감기 고뿔도 남을 안 준다 ··· 114
감나무 밑에서 감 떨어지기 기다린다 ··· 78
개 팔자가 상팔자 ··· 82
개밥에 도토리 ··· 30
걱정도 팔자다 ··· 126
검은 머리 파뿌리 될 때까지 ··· 36
검정개는 돼지 편 ··· 154
겉 다르고 속 다르다 ··· 106
고기는 씹어야 맛이요, 말은 해야 맛이다 ··· 60
고기도 먹어 본 사람이 많이 먹는다 ··· 78
고래 싸움에 새우등 터진다 ··· 84
고목에도 꽃을 피운다 ··· 12
고생 끝에 낙이 온다 ··· 150
고양이한테 생선을 맡기다 ··· 102
고인 물이 썩는다 ··· 14
공든 탑이 무너지랴 ··· 67, 132
구르는 돌은 이끼가 안 낀다 ··· 15
구슬이 서 말이라도 꿰어야 보배 ··· 134
굴러온 돌이 박힌 돌 뺀다 ··· 30
굼벵이도 구르는 재주가 있다 ··· 86

그릇도 차면 넘친다 ··· 19
급히 먹는 밥이 체한다 ··· 63
꼬리가 길면 밟힌다 ··· 150
꿀단지 겉 핥기 ··· 71
꿀도 약이라면 쓰다 ··· 78
꿩 먹고 알 먹는다 ··· 102

ㄴ

나그네 보내고 점심 한다 ··· 115
나무를 보고 숲은 보지 못한다 ··· 30, 197
낙락장송도 근본은 종자 ··· 193
낙숫물이 댓돌을 뚫는다 ··· 11
남의 떡이 더 커 보인다 ··· 119, 174
남의 밥그릇이 더 커보인다 ··· 126
낮말은 새가 듣고 밤말은 쥐가 듣는다 ··· 88
낯은 알아도 마음은 모른다 ··· 174
내 코가 석 자 ··· 38
내외간 싸움은 개싸움 ··· 159
내외간도 돌아누우면 남이다 ··· 37
노력은 배신하지 않는다 ··· 133
누워서 떡 먹기 ··· 64
누워서 침 뱉기 ··· 150
눈 가리고 아웅 ··· 40
눈 감으면 코 베어 먹을 세상 ··· 54
눈물 흘리며 겨자 먹기 ··· 73
눈에 콩깍지가 씌었다 ··· 42
눈이 보배다 ··· 54

 ㄷ

다 된 밥에 재 뿌리기 ··· 66

달걀로 바위 치기 ··· 16
달걀에도 뼈가 있다 ··· 58
달도 차면 기운다 ··· 18
달면 삼키고 쓰면 뱉는다 ··· 35
닭 쫓던 개 지붕 쳐다보듯 ··· 102
대롱으로 하늘을 본다 ··· 97
도둑맞고 사립문 고친다 ··· 95
도둑을 맞으려면 개도 안 짖는다 ··· 59
도둑이 제 발 저리다 ··· 122
도둑이 포도청 간다 ··· 123
돌다리도 두들겨 보고 건너라 ··· 145
돼지에 진주 목걸이 ··· 90
될성부른 나무는 떡잎부터 알아본다 ··· 20
두꺼비 싸움에 파리 치인다 ··· 85
두부 먹다 이 빠진다 ··· 78
뒤로 넘어져도 코가 깨진다 ··· 44
뒷간에 갈 적 마음 다르고 올 적 마음 다르다 ··· 117
듣는 것이 보는 것만 못하다 ··· 181
등잔 밑이 어둡다 ··· 136
때린 놈은 다리 못 뻗고 자도 맞은 놈은 다리 뻗고 잔다 ··· 126
떡 본 김에 제사 지낸다 ··· 78
떡 줄 사람은 꿈도 안꾸는데 김칫국부터 마신다 ··· 78
똥 누러 갈 적 마음 다르고 올 적 마음 다르다 ··· 116
뛰어야 벼룩 ··· 102
뜨거운 국에 맛 모른다 ··· 62

ㅁ

마음 없는 염불 ··· 124
마음이 콩밭에 가 있다 ··· 126
마파람에 게 눈 감추듯 ··· 30
말 많은 집은 장맛도 쓰다 ··· 121
말 안하면 귀신도 모른다 ··· 120
말 한마디로 천 냥 빚을 갚는다 ··· 150
말이 씨가 된다 ··· 138
망둥이가 뛰니 꼴뚜기도 뛴다 ··· 171
머리를 감추고 꼬리를 숨긴다 ··· 49
모르는 게 약이다 ··· 140
모양이 개잘량이다 ··· 101
못 먹는 버섯은 삼월 달부터 난다 ··· 78
못된 송아지 엉덩이에 뿔난다 ··· 102
물에 물 탄 듯 술에 술 탄 듯 ··· 69
미꾸라지 한 마리가 온 웅덩이를 흐려 놓는다 ··· 92
믿는 도끼에 발등 찍힌다 ··· 150
밑 빠진 독에 물 붓기 ··· 149

ㅂ

바늘 도둑이 소도둑 된다 ··· 150
바늘구멍으로 황소바람 들어온다 ··· 30
바늘로 찔러도 피 한 방울 안 난다 ··· 108
바다는 메워도 사람의 욕심은 못 채운다 ··· 110
바람 앞의 등불 ··· 22
바람받이에 선 촛불 ··· 23
바위에 머리 받기 ··· 17
발가락 새 티눈만도 못하다 ··· 157
발가락의 티눈만큼도 안 여긴다 ··· 156
발등에 불 떨어지다 ··· 39
배움에는 나이가 없다 ··· 150
백 번 듣는 것보다 한 번 보는 게 낫다 ··· 180
백지장도 맞들면 낫다 ··· 130
뱁새가 황새를 따라가면 다리가 찢어진다 ··· 102
번갯불에 콩 볶아 먹는다 ··· 24

번갯불에 회 쳐 먹겠다 … 25
벼 이삭은 익을수록 고개를 숙인다 … 150
벽에도 귀가 있다 … 89
보기 좋은 떡이 먹기도 좋다 … 78
봄비는 일비 겨울비는 술비 … 27
부모 말을 들으면 자다가도 떡이 생긴다 … 174
부부 싸움은 칼로 물 베기 … 158
부자는 망해도 삼 년 먹을 것이 있다 … 182
불면 꺼질까 쥐면 터질까 … 126
비 온 뒤에 땅이 굳어진다 … 30
빛 좋은 개살구 … 30

사또 덕분에 나팔 분다 … 174
사람 속은 천 길 물속이라 … 113
사람은 얼굴보다 마음이 고와야 한다 … 126
사촌이 땅을 사면 배가 아프다 … 118
생쥐 소금 먹듯 … 68
서당 개 삼 년에 풍월을 읊는다 … 184
세 살 버릇 여든까지 간다 … 178
세 치 혀가 사람 잡는다 … 46
세월이 약이다 … 187
소 잃고 외양간 고친다 … 94
속 빈 강정 … 125
손바닥으로 하늘 가리기 … 41, 48
손이 많으면 일도 쉽다 … 131
쇠귀에 경 읽기 … 53
수박 겉 핥기 … 70
숭늉에 물 탄 격 … 78
숯이 검정 나무란다 … 174
시작이 반이다 … 142
식은 죽 먹기 … 65
십 년이면 강산도 변한다 … 186
쓸개 빠진 놈 … 54

아는 게 병이다 … 141
아는 길도 물어 가라 … 144
아홉 가진 놈이 하나 가진 놈 부러워한다 … 111
앉은 자리에 풀도 안 나겠다 … 126
앓던 이 빠진 것 같다 … 54
양의 탈을 쓴 늑대 … 107
어물전 망신은 꼴뚜기가 시킨다 … 93
언 발에 오줌 누기 … 54
업은 아이 삼 년 찾는다 … 137
엎어지면 코 닿을 데 … 54
엎친 데 덮친 격 … 45
여름비는 잠비 가을비는 떡비 … 26
열 길 물 속은 알아도 한 길 사람의 속은 모른다 … 112
열 번 찍어 안 넘어가는 나무 없다 … 185, 188
열 손가락 깨물어 안 아픈 손가락 없다 … 190
오뉴월 개 팔자 … 83
옷깃만 스쳐도 인연이다 … 160
옷은 새 옷이 좋고 사람은 오랜 사람이 좋다 … 162
용 될 고기는 모이 철부터 안다 … 21
우렁이도 두렁 넘을 꾀가 있다 … 87
우물 안 개구리 … 96
우물을 파도 한 우물만 파라 … 189
울며 겨자 먹기 … 72
웃는 낯에 침 뱉으랴 … 174
원수는 외나무다리에서 만난다 … 164
원숭이도 나무에서 떨어진다 … 102

윗물이 맑아야 아랫물이 맑다 ··· 30
은혜를 원수로 갚는다 ··· 174
이 없으면 잇몸으로 산다 ··· 54
이마를 찔러도 피 한 방울 안 나겠다 ··· 109
인연은 스스로 만드는 것이다 ··· 161
입술이 없으면 이가 시리다 ··· 50
입이 열 개라도 할 말이 없다 ··· 54

자라 보고 놀란 가슴 솥뚜껑 보고 놀란다 ··· 99
자식 둔 부모 근심 놓을 날 없다 ··· 167
자식을 길러 봐야 부모 사랑을 안다 ··· 166
작아도 후추알 ··· 75
작은 고추가 더 맵다 ··· 74
장은 묵은 장맛이 좋다 ··· 163
정들자 이별 ··· 174
제 눈에 안경 ··· 43
제 새끼 밉다는 사람 없다 ··· 191
제 식구 감싸기 ··· 173
주먹이 운다 ··· 54
죽도 밥도 안된다 ··· 78
죽은 덤불에 산 열매 난다 ··· 13
쥐구멍에도 볕 들 날 있다 ··· 29
지렁이도 밟으면 꿈틀한다 ··· 102
진주를 돼지에게 던진다 ··· 91
짚신도 제짝이 있다 ··· 168

찬물도 위아래가 있다 ··· 150
참는 자에게 복이 있다 ··· 126, 146
참새가 방앗간을 그저 지나랴 ··· 102
참을 인 자 셋이면 살인도 피한다 ··· 147
천 리 길도 한 걸음부터 ··· 77, 192

친구 따라 강남 간다 ··· 170
침묵은 금이다 ··· 61

큰 집이 기울어도 삼 년 간다 ··· 183

토끼가 제 방귀에 놀란다 ··· 98
티끌 모아 태산 ··· 148
티끌 하나로 태산을 본다 ··· 195

팔은 안으로 굽는다 ··· 172
팔자는 길들이기로 간다 ··· 179
평안감사도 저 싫으면 그만이다 ··· 126

하나를 보면 열을 안다 ··· 194
하나만 알고 둘은 모른다 ··· 196
하늘은 스스로 돕는 자를 돕는다 ··· 150
하늘의 별 따기 ··· 30
하늘이 무너져도 솟아날 구멍이 있다 ··· 28
하루 물림이 열흘 간다 ··· 143
한 귀로 듣고 한 귀로 흘린다 ··· 52
한 배를 탄 사람은 함께 죽고 함께 산다 ··· 51
한번 쥐면 펼 줄 모른다 ··· 126
한술 밥에 배부르랴 ··· 76
헌 고리도 짝이 있다 ··· 169
혀 밑에 죽을 말 있다 ··· 47
혀 아래 도끼 들었다 ··· 54, 139
형만 한 아우 없다 ··· 174
호랑이는 죽어서 가죽을 남기고 사람은 죽어서 이름을 남긴다 ··· 100

정답

★31쪽★

★55쪽★

★79쪽★

★103쪽★

★127쪽★

★151쪽★

★175쪽★